Keto rockt!

weil's schlank und glücklich macht

Impressum

HEEL Verlag GmbH
Gut Pottscheidt
53639 Königswinter
Tel.: 02223 9230-0
Fax: 02223 9230-13
E-Mail: info@heel-verlag.de
Internet: www.heel-verlag.de

Autorin: Dinah Stricker
Fotos: Sandra Then, www.then-fotografie.de, mit Ausnahme von: Dinah Stricker (S. 11, 14, 16) /
Michael Schiffhorst (S. 54, 56)
Projektleitung: Hannah Kwella
Satz und Gestaltung: My Linh Nguyen
Cover: Chrissi Mertens

Adobe Stock: aerogondo (S. 6–7, 17–23, 39–53, 58–63, 190–192),
alekseyvanin (S. 67–186), Ingo Friedrich (S. 57), warmworld (S. 67–186)
Shutterstock: watercolor 15 (S. 4, 11, 14, 16, 19, 20, 23, 24, 27, 30, 31–33,
35, 38–39, 43–44, 47, 49, 50, 54, 56–60, 99, 190)

Printed in Latvia

ISBN: 978-3-96664-123-4

Für Elsbeth und Bodo

Keto rockt!

weil's schlank und glücklich macht

HEEL

Inhaltsverzeichnis

Vorwort

Die Idee zu diesem Buch kam mir, nachdem ich meine ersten Abnehmerfolge durch die ketogene Ernährung feiern konnte. Im ersten halben Jahr blieb meine neue Figur relativ verborgen, bedingt durch die Wintermonate, in denen ich primär Jogginghosen und weite Sweatjacken trug. Als dann der Frühling kam und ich anfing zum ersten Mal in meinem Leben Leggins zu tragen, wurden die Mädels bei mir im Studio (ich arbeite in einem reinen Frauen-Fitnessstudio) aufmerksam. Man stellte mir immer wieder die Frage, was ich denn so alles essen würde, also entschied ich mich dazu, einen Blog für ketogene Ernährung und Fitness zu schreiben. Nach monatelanger Arbeit ging dieser im September 2017, rund ein Jahr nach meinem Start in ein ketogenes Leben, online. Die Resonanz darauf war so positiv, dass die Rufe nach einem Buch lauter wurden. „Du solltest ein Buch schreiben, Dinah!", hieß es immer wieder. Und so begann ich im Januar 2018 mit der Entwicklung der Rezepte.

In der Zwischenzeit konnte ich einige Menschen inspirieren, sich ebenfalls ketogen zu ernähren. Selbst in den sozialen Medien bekomme ich regelmäßig Nachrichten und Kommentare, in denen Männer wie Frauen berichten, dass die ketogene Ernährung ihr Leben dank meiner Inspiration positiv verändert hat. Es ehrt mich und fühlt sich fabelhaft an, Menschen für eine Sache zu begeistern, ihr Feuer zu entfachen und ihre tollen Erfolge zu erleben und zu feiern!

Deshalb habe ich dieses Buch auch „Keto rockt!" genannt – denn, naja, denn Keto rockt halt einfach!
Natürlich ist es auch etwas doppeldeutig, da ich im Herzen eine Rocker- beziehungsweise Metalbraut bin. Ich bin mit einem professionellen Metal-Schlagzeuger verheiratet und besuche regelmäßig Konzerte. Da musste es einfach ein rockiger Titel sein!

Ich bin sehr stolz auf meinen Weg und darüber, Dir meine Geschichte präsentieren zu dürfen. Ich möchte Dich motivieren, inspirieren und unterstützen auf Deinem Weg in ein ketogenes Leben und hoffe, mein über die letzten Jahre angeeignetes Wissen erfolgreich und verständlich an Dich weitergeben zu können.

Heutzutage haben die Menschen oft wenig Zeit zu kochen und möchten nicht lange in der Küche stehen. Daher war es mir ein besonderes Anliegen (bis auf wenige Ausnahmen) Rezepte zu entwickeln, die schnell und unkompliziert sind und ohne lange Zutatenlisten auskommen.
Frische, idealerweise regionale Produkte und eine hohe Produktqualität sind hier von besonderer Wichtigkeit. Auch Vegetarier*innen können sich ketogen ernähren, weshalb ich außerdem viele vegetarische Varianten anbiete.

„Keto rockt" ist in drei verschiedene Themenbereiche gegliedert:

1. MEINE KETOGESCHICHTE, DIE KETOGENE ERNÄHRUNG, DER WEG IN DIE KETOSE:

Meine Geschichte und meine Erfahrungen mit Tipps zur Umstellung auf die ketogene Ernährung, was diese Ernährungsform bedeutet und welche Vorteile sie bringt, die tatsächliche, alltägliche Umsetzung, Planung und Vorbereitung, Lebensmittellisten, Troubleshooting bei Stagnation und reichlich Motivation und Unterstützung.

2. DAS NÄHRSTOFF EINMALEINS, KETO UND SPORT:

Ein wissenschaftliches Kapitel mit Erklärungen zu den physiologischen Stoffwechselvorgängen, der Auswirkung unterschiedlicher Nährstoffe auf unseren Körper und deren Beschreibung, Informationen zu Themen wie Cholesterin, Insulin und Diabetes und der Effekt der ketogenen Ernährung auf sportliche Aktivitäten und die Körperkomposition.

3. JETZT WIRD GEKOCHT, REZEPTE:

Über 70 Rezepte mit ausführlicher Anleitung, Bildern und Nährwertangaben. Listen mit den benötigten Küchengeräten, welche Lebensmittel man immer im Haus haben sollte, wo man die Zutaten am besten käuflich erwerben kann, welche Mehle und Süßungsmittel geeignet sind und Alternativen zu liebgewonnenen Gerichten wie Kartoffelgratin, Bratkartoffeln, Nudeln, Kuchen, Brot und Chips.

Mit all diesem Wissen kannst Du dann direkt loslegen und voll in die ketogene Ernährung einsteigen.
Ich wünsche Dir dabei ganz viel Erfolg und Freude an Deinem neuen Lebenswandel. Du rockst!

Herzlichst

Deine Dinah

Meine Ketogeschichte

„Schatz, ich mach jetzt keto!“

Entsetzen im Blick meines Mannes kombiniert mit einem leicht genervten Augenrollen. Was hat die Frau denn jetzt schon wieder für einen Rappel? In all den gemeinsamen Jahren, hat mein Mann mit mir schon so einige Diäten durchgemacht und ist auf jeden Fall leiderprobt. Sämtliche Höhen und Tiefen, Gewichtsab- und wieder -zunahme, Jubel und Frustration – es war alles dabei. Und immer wieder kamen seine beruhigenden und sehr aufbauenden Worte: „Ich liebe Dich, egal wieviel Du wiegst“. Das ist natürlich einerseits schön, andererseits kann ich mir mit der Liebe meines Mannes leider auch nicht meine Wunschfigur erkaufen.

Die eigene Unzufriedenheit mit dem Äußeren führte demnach dazu, dass ich öfter frustriert und schlecht gelaunt war. Und wer durfte es als Erster, da in unmittelbarer Nähe ausbaden? Richtig, mein armer Ehemann. Es kann einen richtig fertig machen. Viele Menschen kennen das deprimierende Gefühl, wenn man merkt, dass die Hose zu eng ist und nicht mehr richtig zu gehen will. Wenn man auf einmal alles eine Kleidergröße größer kaufen muss, schiebt man natürlich noch mehr Frust, was zu noch größerem Unwohlsein führt. Ich brauchte daher eine Methode, meine Fressattacken zu kontrollieren und endlich aus diesem Teufelskreis auszubrechen.

Ketogene Ernährung, auch Ketodiät genannt, war nun der Weg meiner Wahl. Schon wieder so ein komischer Name für irgendeine neumodische Ernährungsform. Schon wieder das Wort „Diät“, gleich Verzicht, hungern, Restriktion. Null Lebensfreude. Kein soziales Leben mehr. Diät steht für: „Es wird mir jetzt für ca. vier Wochen richtig scheiße gehen, ich werde unausstehlich sein und auch keine Freunde mehr haben“.
Erst Atkins, dann „Friss-die-Hälfte“, Trennkost, South-Beach-Diet, Brigitte-Diät, Dukan-Diät, Weight Watchers, Slim Fast und Almased, Low-Carb und Paleo – die Liste ist endlos. Und dann kommen da noch meine Lieblingswörter, ebenfalls neumodisch, daher: „vegan“, „glutenfrei“, „laktosefrei“, „veggie“. Oh Mann, und da soll man nicht verwirrt sein oder eine totale Hasskappe auf diesen ganzen Ernährungskram kriegen? Ernährung = Religion, oder wie?

Wir haben fast alle schon mal eine Form von Diät gemacht, ich selbst habe nahezu alles ausprobiert. Hat das Spaß gemacht? Hat es was gebracht? Fühlte ich mich besser oder lebte ich gar gesünder? Nein, nein und nein! Diäten-Bullshit eben. Na, kommt dir das bekannt vor? Höre ich da ein „ja“?
Ich hatte absoluten Diätfrust. Keinen Bock mehr auf dieses ganze Ernährungs- und Fitness-Blabla. Punkte zählen, Kalorien zählen – immer nur irgendwas zählen. Und wenn mir nochmal einer mit seinem „tollen, neuen Erfolgsrezept“ kommt und mich „krass“ oder „sexy“ machen will, dann nehme ich mir mein Theraband und wickle mir eben damit den Bauchspeck ab oder tauche mein Gesicht in einen Eimer Ben und Jerry's Eis.

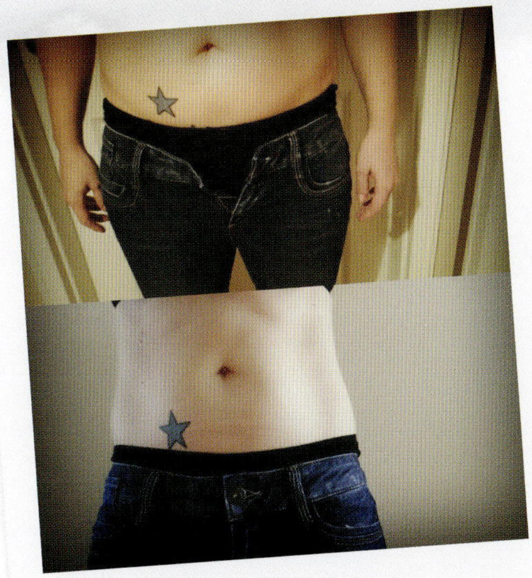

Dezember 2016 vs Sommer 2017

Mir doch alles egal! Zumindest so lange, bis man sich wieder scheiße fühlt, weil man mal wieder alles sinnlos in sich hineingestopft hat. Und so beginnt der Teufelskreis des Jo-Jos. Am Ende geht es einfach darum, seine generelle Einstellung dem Essen gegenüber zu ändern. Sich Gedanken darüber zu machen, WAS man jeden Tag in seinen Körper stopft. Nahrung als Treibstoff für den Motor, wenn man so will.

Tja, und jetzt komme ich daher und schmeiße Dir dieses Wort „Keto" an den Kopf. Danke Dee, noch mehr Verwirrung! Gern geschehen.
Keto hat mein Leben verändert. Das klingt schon fast esoterisch. Aber es ist mein Ernst.
Nach Jahren der Diätfrusterei war dies meine letzte Chance auf langfristigen Erfolg. Ich war immer sehr sportlich, schon seit frühester Kindheit. Hyperaktiv würde meine Mutter sagen. Ich habe 23 Jahre lang Eishockey gespielt, davon zehn Jahre im Leistungssportbereich und war auch sonst ständig in Sportkursen aktiv. Also lag es nie am Sport oder einem Mangel an Bewegung. Bei einer Größe von 1,63 m wog ich die meiste Zeit zwischen 57 und 63 kg.

Und dann kam meine erste Zunehmphase. Gegen Ende meines Studiums fiel ich in ein großes Loch. Ich wollte unbedingt in Kanada bleiben, wo ich die letzten vier Jahre mein Bachelor of Science-Studium absolviert hatte, doch bekam ich anschließend kein Arbeitsvisum. Also musste ich wieder nach Deutschland zurück. Lebenstraum adé. Darüber habe ich als emotionaler Esser angefangen den Frust „wegzufuttern". Ziemlich viel, denn am Ende waren es 74 kg.

Zurück in Deutschland musste ich erneut bei null anfangen.

Neue Wohnung, neue Freunde, neuer Job. Ich kellnerte für ein Jahr in Vollzeit. Seitdem habe ich höchsten Respekt vor dieser Art Leistungssport. Hätte ich damals einen Schrittzähler gehabt, wäre ich locker auf 20.000 Schritte oder mehr in einer Schicht gekommen. Dabei mag ich gar kein Cardio. Jedenfalls verlor ich durch die Rennerei so viel Gewicht, dass ich bei 57 kg landete. Ein krasses Gewichts-Jo-Jo!

Danach startete ich ein Praktikum im Büro und später einen Job in derselben Firma, begann eine neue Beziehung und die Dinge nahmen ihren Lauf. Durch das viele Sitzen und den Stress war ich einfach zu kaputt, um mich am Ende des Tages noch sportlich zu betätigen. Demnach spielte ich fast sechs Jahre auch kein Eishockey mehr. Dazu kamen gesundheitliche Probleme wie Verdauungsstörungen, schlechter und unruhiger Schlaf und Augeninfektionen und schwupps war ich wieder bei über 70 kg. Es war nicht schön. Ich zog die Reißleine und somit einen Schlussstrich. Kein Büro mehr, ich musste wieder aktiv werden!

Ich startete einen Job als die vermutlich unfitteste Fitnesstrainerin aller Zeiten!

Eigentlich ein Wunder, dass man mich damals eingestellt hat. Das Studio war vermutlich verzweifelt, genau wie ich. Die neue Aufgabe führte vor allem dazu, dass ich selbst wieder fit wurde. Dazu konnte ich Erfahrung mit Klienten sammeln, mein ganzes altes Wissen wieder aus meinem Gehirn hervorkramen und hatte eine Perspektive. Nur war das Studio nicht das Richtige für mich. Dadurch ging ich auf die Suche nach einem neuen Arbeitsplatz und fand ihn auch. Dort bin ich jetzt seit mehr als zehn Jahren tätig, seit einiger Zeit sogar in Festanstellung. Der Beruf der Fitnesstrainerin hat mich gefunden. Ich hatte ihn nie auf dem Schirm und nun bin ich sehr glücklich, so vielen Menschen helfen zu dürfen. Man wächst ja bekanntlich mit seinen Aufgaben und das trifft auf mich und meinen Beruf definitiv zu!

Die letzten Jahre über habe ich immer viel Sport getrieben. Krafttraining, Joggen, HIIT, Pilates, Yoga, Insanity, Eishockey, und habe mich hauptsächlich Low Carb ernährt. Viel Eiweiß, Kohlenhydrate nur in Form von Vollkornprodukten, Gemüse und Obst und möglichst fettarm. Hat leider nicht funktioniert. Das niedrigste Gewicht, das ich damit erreichte, waren 68 kg. Ein weiteres Problem war, dass ich alle zweieinhalb bis drei Stunden Hunger hatte. Mein Nahrungspensum belief sich auf drei Hauptmahlzeiten plus zwei Snacks zwischendurch. So war ich permanent mit Essen beschäftigt, dachte ständig an die nächste Mahlzeit, musste ständig einkaufen und noch schnell für die Arbeit einen Snack besorgen. Essen bestimmte mein Leben und einen längeren Zeitraum ohne Nahrung zu verbringen war für mich undenkbar.

Durch private Probleme Ende 2015 fiel ich wieder in ein tiefes Loch. Ich zweifelte an meinem Weg, von dem ich immer dachte, es wäre der Richtige für mich. Meine Zukunftsplanung wurde mehrfach durchkreuzt, fernab meiner Kontrolle. Ich war ständig krank; Erkältung, Bronchitis und Co. Mein Immunsystem war komplett im Keller. Ich nahm Schilddrüsenmedikamente wegen einer Unterfunktion. Ich hatte keinerlei Motivation für irgendetwas. Selbst Alltägliches wie duschen fiel mir schwer.

Und dann fing es wieder an – Frustessen.

Als emotionaler Esser hat man es echt nicht leicht. Passierte was Tolles, zur Belohnung ein Eis oder Cocktails. Passierte was Schlechtes, zum Trösten ein Eis oder Cocktails. Es war ein Teufelskreis. Mich plagten die schlimmsten Heißhungerattacken und „Fressflashs". Erst Chips, dann Schokolade, dann doch wieder was Salziges. Ein unendlicher Kreislauf der Fressgier. Aufgrund dieser, nennen wir es mal „depressiven" Phase von rund sieben Monaten, nahm ich natürlich wieder zu. Endstand 77 kg. Mein höchstes Gewicht jemals! Mein Körperfettanteil lag bei 34 % und meine Blutfettwerte waren schlecht. Ich war ständig krank und alle Klamotten wurden zu eng. Ich musste was tun, aber was? Alles Bisherige funktionierte nicht und ich weigerte mich, Kleidung in größeren Größen zu kaufen. Da würde ich weinend in der Umkleide stehen. Nein, danke!

Aber dann passierte etwas, das ich im Nachhinein als Schicksal bezeichnen würde. Ich folge auf Social Media diversen Sportwissenschaftlern, deren Erkenntnisse schon häufig mein Wissen erweitert hatten. Einer von Ihnen, Dr. Jacob „The Muscle Phd" Wilson, postete auf Instagram ständig Fotos von seinem Essen. Eiscreme mit Erdnussbutter und dunkler Schokolade, darunter der Titel „Keto Ice Cream". Oder Schokokuchen mit Sahne, „Keto Chocolate Cake". Oder Speck und Rührei, „Keto Breakfast". Keto was? DAS sollte eine Diät sein?

Ich recherchierte online, um so viel wie möglich über diese Form der Ernährung – passt eigentlich viel besser als Diät – herauszufinden. Eine Diät ist ja meist zeitlich begrenzt. Keto ist jedoch etwas, das man eigentlich eher als Veränderung des Lebensstils bezeichnet. Klingt schon wieder so esoterisch, dabei glaube ich eigentlich nur an Einhörner.
Aber ja, so war es. Genau wie mich mein Beruf gefunden hatte, fiel mir die ketogene Ernährung in den Schoß. Danke Instagram!
Ich fand die Homepage der Keto Diet App, auf der eine „90-Tage Keto-Challenge" ausgerufen wurde. Beginn: 1. August 2016. Auch wenn ich Ende August nach Kanada zur Hochzeit einer guten Freundin fliegen würde, und das sicherlich eine Herausforderung bezüglich Flugzeugessen, Hochzeitsessen, Hochzeitsparty etc. werden würde, schrieb ich mich für die Challenge ein. Jetzt oder nie. Irgendwann muss man anfangen konsequent zu sein, denn den perfekten Zeitpunkt gibt es nie. Augen zu und durch!

Anfangs war es eine ziemlich große Umstellung, da das Keto-Prinzip alles über den Haufen wirft, was einem an Ernährungsmythen über Jahrzehnte gepredigt wurde. Man ernährt sich fetthaltig, isst nur moderat Eiweiß, viele Eier, und muss eigentlich nicht mal Sport dabei machen! Ich war im siebten Essenshimmel!
Den Urlaub in der alten Heimat überlebte ich bestens und blieb komplett standhaft. Ich schummelte kein einziges Mal und dabei habe ich sogar ab und zu Rotwein getrunken.

Und wer kann schon behaupten, nach dem Urlaub über 2 kg weniger zu wiegen? Keto war perfekt für mich!

Am Anfang purzelten die Pfunde relativ schnell, nur war die Energiezufuhr in den ersten ein bis zwei Wochen natürlich eingeschränkt. Ich habe den ersten Monat fast gar keinen Sport gemacht und dann erst mit leichtem Krafttraining und Walken begonnen. Man muss sich und dem Körper einfach ein bisschen Zeit geben, sich umzustellen. Die Schäden, die wir über viele Jahre verursacht haben, lassen sich nicht in ein paar Wochen oder Monaten rückgängig machen. Außerdem ist jeder Mensch unterschiedlich und reagiert dementsprechend anders.
Ich habe auch drei Wochen lang ein Ernährungstagebuch geführt, um mir bewusst zu machen, wie viel ich von welchem Makronährstoff (also Fett, Eiweiß und Kohlenhydrate) zu mir genommen habe. Aufgrund meiner vielen Jahre als Protein-Enthusiast fiel es mir sehr schwer nicht zu viel Eiweiß zu essen. Ich kam selten auf genug Fett, meist aber auf zu viel Eiweiß.
Und was war mit den Kohlenhydraten? Ja, was war denn mit denen? Die waren mir einfach egal, ich habe sie NICHT vermisst und tue es nach wie vor nicht. Ich lebe inzwischen seit drei Jahren ketogen. Ich konnte Speck und Rührei in Butter braten und Unmengen von Käse essen, ein ordentliches Stück Fleisch vom Grill mit selbstgemachter Kräuterbutter überziehen und Schlagsahne in meinen Kaffee tun! Wer interessiert sich da bitteschön für Kohlenhydrate? Aber gut, „jeder Jeck ist anders", sagt man in Köln.
Ich habe in der ketogenen Ernährung MEIN Ding gefunden. Ich fühle mich unfassbar gut damit! Mir ist es fast schon unheimlich WIE gut!

Was aber hat sich bei mir nun konkret positiv verändert? Als erstes das Offensichtliche: Ich habe mittlerweile 16 kg abgenommen und wiege nur noch 61 kg. An dem Tag, an dem die 7 vorne auf der Waage verschwunden war, habe ich fast geweint. Aber ich ermahne Euch – auch wenn ich mich selbst nicht gänzlich davon freisprechen kann – macht Euch nicht von Eurem Gewicht abhängig! Meins stagnierte teilweise vier Wochen lang. Bestimmte Zyklusphasen haben mich gefühlte drei Kilo schwerer werden lassen und ich war oft aufgebläht wie ein Ballon. Es war also nicht immer alles nur rosig.

Was mir in solchen Momenten sehr geholfen hat, war das Maßband. Ich habe an Tag eins meinen Bauchumfang und meinen rechten Oberschenkel, jeweils an der dicksten Stelle, gemessen. Bis heute habe ich 20 cm Bauchumfang verloren und 9 cm am Oberschenkel. Ich trage am Oberkörper Kleidergröße 36 statt 40 und bei Hosen eine 36/38 statt einer 42. Das fühlt sich einfach großartig an!

Mein Körperfettanteil hat sich von 34 % auf 23 % reduziert. Endlich bin ich fast im Athleten-Bereich. Und auch meine Blutwerte haben sich enorm verbessert. Meine Triglyzeride sind von 290 (!) auf 130 gesunken. Soviel zu der Theorie, dass Fett fett macht und die Blutfettwerte erhöht. Zusätzlich konnte ich meine Schilddrüsentabletten absetzen und komme wunderbar ohne sie aus. Das Absetzen meiner Medikamente erfolgte selbstverständlich in Absprache mit meinem Hausarzt und daher eine kleine Warnung, dass Du derlei Dinge bitte immer erst mit Deinem Arzt besprichst und nicht eigenmächtig handelst.

Und sonst so? Na, ich fühle mich fantastisch!

Ich schlafe viel tiefer und wache deutlich erholter auf. Ich habe unfassbar viel Energie. Ich kann mit vier Stunden Schlaf den ganzen Tag arbeiten ohne müde zu werden oder einen toten Punkt zu erreichen. Weil der Blutzuckerspiegel die ganze Zeit stabilisiert ist, erreiche ich diesen praktisch nie.

Bye bye, Nachmittagssnack!

Ich habe keine Heißhunger-Attacken mehr. Keinen Jieper mehr auf Schokolade oder Süßes, keine große Lust mehr auf Alkohol (wenn, dann nur ein Gläschen Weißwein oder einen kleinen Gin). Mein Hungergefühl kann ich jetzt deutlich besser einordnen, denn ich esse einfach nur, wenn ich auch wirklich Hunger habe. Keto sensibilisiert einen dafür. Am Anfang nahm ich drei Mahlzeiten zu mir, dann irgendwann nur noch zwei. Ich brauche absolut keine Snacks mehr. Essen aus Frust oder Langeweile gibt's einfach nicht mehr bei mir.

Juli 2016 vs März 2017

Du glaubst nicht, wie unendlich befreiend es ist, nicht ständig ans Essen zu denken und vor allem kein emotionaler Esser mehr zu sein. Ich habe jetzt eine andere Beziehung zu Essen – eine deutlich gesündere als zuvor. Und dabei ist essen für mich nach wie vor Genuss! Ich LIEBE es zu essen! Und auch Neues zu probieren und zu entdecken. Hättest Du z. B. gedacht, dass man Radieschen wunderbar als Bratkartoffelersatz nehmen kann oder dass Selleriepüree genauso lecker wie Kartoffelpüree ist? Blumenkohlreis in Butter gebraten mit Kurkuma? Sooo lecker. Vor Keto für mich völlig unbekannte „Verwendungszwecke". Du hältst dieses Buch auch deshalb in Händen, weil ich Dir diese tollen Gerichte gerne näherbringen möchte.

Nach dem ersten halben Jahr reichte mir ein spätes Frühstück und ein Abendessen. Ein Rhythmus, den ich bis heute beibehalte. Häufig passiert es da automatisch, dass ich mich in dem Zeitfenster für intermittierendes Fasten (auch als Intervallfasten bekannt) bewege. Das bedeutet, dass man 16 Stunden fastet und in einem achtstündigen Fenster isst. Das kam einfach so von allein. Klappt auch nicht immer, aber meist kann ich ohne Probleme 16 Stunden oder länger nichts essen ohne Hunger zu bekommen. Das Verrückte dabei ist, dass ich nun auf nüchternen Magen super Sport machen kann. Krafttraining und HIIT sind kein Problem. Das hätte ich früher nie gekonnt.

Abschließend möchte ich noch erwähnen, dass die ketogene Ernährung bei mir zu einem deutlich besseren Selbstwertgefühl geführt hat, was nicht nur an der Gewichtsreduktion liegt. Ich habe eine vollkommen andere Ausstrahlung und das bekomme ich von anderen Menschen positiv zurück. Die Begeisterung und das Interesse vieler Leute an meinem Erfolg ist eine hervorragende Motivation und bekräftigt mich darin, immer weiter meinen Weg zu gehen.
Ich kann mir gut vorstellen bis ins hohe Alter ketogen zu leben, Ausnahmen sind natürlich hin und wieder erlaubt. So zum Beispiel im Urlaub oder im Sommer, wo ich mir ab und zu auch mal ein kleines Eis gönne. Grundsätzlich würde ich damit aber warten, bis das Wunschgewicht erreicht ist und Du längere Zeit keto-adaptiert bist. Dann „erholt" sich der Körper schneller davon.

Keto ermutigt einen wieder mehr selbst zu machen, frisch zu kochen oder vorzukochen, auf die Nahrungsqualität zu achten und auf das Hunger- und Sättigungsgefühl zu hören.

Die Lebensmitteleinkäufe sind ebenfalls nicht unbedingt teurer. Im Ganzen esse ich viel weniger und deutlich geringere Mengen. Sicher, Qualität bei Fleisch und Fisch kostet mehr, aber man spart derweil an anderen Dingen. Bioqualität ist selbstverständlich super, aber auch Discounter und Co. bieten viele Nahrungsmittel an, die zu einem ketogenen Lifestyle und einem schmaleren Geldbeutel passen. Man muss sich nur mit den Produkten auseinandersetzen und die Packungen umdrehen, um die Inhaltsstoffe zu überprüfen.

Das war jetzt meine halbe Lebensgeschichte, aber sie war notwendig, um zu verstehen, warum ich diesen Weg gegangen bin und immer noch gehe.
Niemand muss mit Keto zum Fitnessmodel werden. Viel wichtiger ist, dass Du gesund bist, Dich wohlfühlst und endlich befreit mit Deinem Essen umgehen kannst.

Natürlich gibt es im Leben auch immer mal wieder Rückschläge und nicht jeder wird Fan von Dir und Deinem neuen Lebenswandel sein.

Auch ich habe hin und wieder negative Kommentare und Bemerkungen einstecken müssen.
„Sowas ist gefährlich über einen längeren Zeitraum!“, „Davon bekommst Du einen Herzinfarkt und einen hohen Cholesterinspiegel bei dem ganzen Fett.“, „Das wäre nix für mich, das ist viel zu restriktiv.“, etc.

Es gibt, wie anfangs bereits erwähnt, viele Falschinformationen die sich in den Köpfen der Menschen festsetzen. Viele halten noch immer an veralteten Konzepten und Theorien fest. Ob die ketogene Ernährung gefährlich ist oder nicht, ob man sie gut über einen längeren Zeitraum – ja gar ein Leben lang – machen kann, wie sie sich auf den Cholesterinspiegel auswirkt, wie die aktuelle Studienlage bezüglich des Zusammenhangs Fett/Cholesterin und Herzinfarkten ist, und ob diese Ernährung so wahnsinnig restriktiv ist wie oft befürchtet wird, erfährst Du in den folgenden Kapiteln. Da wird es etwas wissenschaftlicher, mit teilweise recht spannenden und eindeutigen Studienergebnissen.

2016 vs 2018

Ich hoffe, dass Dich dieses Buch bei Deinem Abnehmvorhaben oder dem Wandel deines Lebensstils unterstützen und Dir wertvolle Tipps und Ideen geben kann, wie Du die ketogene Ernährung in Deinen Alltag integrierst. Ich hoffe auch, dass Du Dein Wissen und Verständnis bezüglich Deiner Ernährung sowie den verschiedenen Nährstoffen und physiologischen Prozessen in unserem Körper erweitern kannst.
Mein Ziel ist es, Dir einen Leitfaden an die Hand zu geben, der Dich bewusster leben, einkaufen, kochen und essen lässt.

Ich wünsche Dir viel Freude beim Lesen und Nachkochen!

Die Ketogene Ernährung

Nahrung ist ständig und überall verfügbar. An jeder Straßenecke duftet es nach Döner, Pommes, Backwaren oder Waffeln. In den Schaufenstern lachen uns Teilchen, Eiscreme, Kuchen und viele andere Leckereien an. Im Fernsehen und auf Werbeplakaten werden wir ermutigt, Essen zu konsumieren. Der neueste Schokoriegel, der neueste Energy-Drink, hier noch schnell bei einem Lieferdienst eine Pizza bestellen. In den Supermärkten locken meterweise Regale mit Chips, Keksen und Brot. Es besteht also eine konstante Verführung und Ermutigung zum Essen, egal wo, egal wann. Lebensmittelhersteller zielen darauf, uns abhängig zu machen. Die „Waffe" ihrer Wahl: Zucker.

Viele Menschen glauben, es sei gesünder sich fettarm zu ernähren, doch dies bedeutet letzten Endes oft auch mehr Zucker, da Fett ein Geschmacksträger ist und man den Mangel an Geschmack durch Zucker kompensiert. Er ist überall, selbst in Salami und Gewürzmischungen. Er wird gerne versteckt und hat viele verschiedene Namen: Dextrose, Glukosesirup oder Maltodextrin. Letztendlich sind dies alles Zuckerarten, die man schnell und relativ leicht überkonsumieren kann. Es dürfte den meisten Menschen klar sein, dass eine regelmäßige Zuckeraufnahme zu vielen gesundheitlichen Problemen führen kann. Nichts geht mehr ohne Zucker.
So auch beim Fast Food. Es ist billig und ohne großen Aufwand sofort verzehrbar. Die Tiefkühlpizza lässt sich in 15 Minuten ohne Stress und Nachdenken servieren. Die Menschen sind bequem geworden, haben keine Lust und Zeit mehr zu kochen, sich zu viele Gedanken um ihr Essen zu machen. Nahrung ist nur Mittel zum Zweck um satt zu werden. Klar, schmecken muss es auch, aber vor allem muss es schnell gehen.
Dazu kommt der Bewegungsmangel, das viele Sitzen im Auto oder in der Bahn, zu Hause vor dem Fernseher oder der Spielekonsole. Dabei werden wir immer dicker. Früher blickte man hochmütig auf die USA herab, wo es bereits damals viele übergewichtige Menschen gab. Doch schon lange ist Übergewicht kein exotisches Beispiel aus dem fernen Nordamerika, auch in Deutschland nehmen die Menschen immer weiter zu. Das schockiert mich und macht mich nachdenklich. Woher kommt das?

Die meisten Richtlinien geben eine Ernährungsweise vor, die ganz allgemein für alle Menschen gelten soll. Doch wir sind nicht alle gleich. Jeder Mensch benötigt eine andere Zusammensetzung an Nährstoffen. Die Genetik spielt hierbei eine große Rolle und bestimmt, wie jemand auf sportliche Aktivitäten und Ernährung reagiert. Es kann durchaus vorkommen, dass man keinerlei Ergebnisse durch exzessives Sporttreiben erzielt, doch eine kohlenhydratarme Ernährung den gewünschten Erfolg bringt. Genetische Variationen in Menschen sorgen für unterschiedliche Reaktionen auf ernährungstechnische Veränderungen. Wir haben, Stand heute, etwa 21.000 Gene, auch wenn die Wissenschaft sich immer noch nicht einhundert Prozent einig darüber ist. Diese Gene machen zwischen 50 % und 80 % der Schwankungen im BMI (dem Body-Mass-Index) aus. Leider kann man bisher nicht genau ausmachen welche Gene sich für welche Krankheit verantwortlich zeichnen, da Krankheiten wie z. B. Diabetes sehr komplex sind und durch mehrere Gene beeinflusst werden.

WIE ALLES BEGANN ...

Dr. Russel M. Wilder, ein amerikanischer Arzt, der an der Mayo Klinik in Minnesota tätig war, stellte zu Beginn der 1920er-Jahre fest, dass man die Vorteile des Fastens erzielen kann, indem man Kohlenhydrate minimiert und die Zufuhr von Fetten erhöht. Er bezeichnete diese Form der Ernährung als „die ketogene Ernährung". Damals wurde mit dieser Diätform Epilepsie bei Kindern und Jugendlichen erfolgreich therapiert.

Heutzutage wird die ketogene Ernährung neben der Behandlung von Epilepsie auch als Therapiemöglichkeit bei neurodegenerativen Krankheiten (Alzheimer, Parkinson), Krebs und Diabetes von Wissenschaftlern und Ärzten erforscht. Die meisten Menschen, die sich in jüngster Zeit mit diesem Thema beschäftigen und diese Ernährungsform annehmen, möchten damit vor allem eins – abnehmen.

Hier hat sich die ketogene Ernährung als sehr erfolgreich erwiesen, da das Durchhaltevermögen durch ein besseres und langanhaltenderes Sättigungsgefühl deutlich stärker ist.

Aber ist Fett in größeren Mengen nicht gesundheitsschädlich? Eine Ernährungsweise, die auf Fett basiert, soll gesund sein? Hier kommt die Erkenntnis des Tages: Fett allein macht nicht fett, aber die Kombination aus Fett und Kohlenhydraten, wie sie in 95 % aller Fast Food-Gerichte zu finden ist, schon.

Die meisten Diäten scheitern bekanntlich daran, dass sie nach kurzer Zeit wieder beendet werden und dann alle verlorenen Kilos in Kürze wieder drauf sind. Jeder, der schon mal einen Abnehmversuch gestartet hat, weiß um den unliebsamen Jo-Jo-Effekt. Dieser führt dann zu noch mehr Frust und oftmals auch noch mehr Kilos. Den Weg aus dieser Jo-Jo-Spirale habe ich durch die ketogene Ernährung geschafft. Seit über zwei Jahren halte ich mein Gewicht. Auch wenn es ab und zu um ein bis zwei Kilo schwankt, so bleibe ich doch immer in einem gewissen Rahmen in dem ich mich wohlfühle.

Jetzt fragst Du Dich sicher: „Aber wo ist denn der Unterschied zu ‚Low Carb‘ oder der ‚Atkins Diät‘?“ Bei einer Low-Carb-Ernährung wird die tägliche Kohlenhydratzufuhr auf unter 30 % gehalten. Bei Atkins ist der Eiweißanteil deutlich höher. Und bei Keto?
Die Makronährstoffverteilung (Makronährstoffe = Kohlenhydrate, Eiweiß, Fett) bei der ketogenen Ernährung liegt bei **5 % Kohlenhydraten, 20 % Eiweiß** und **75 % Fett**.

Demnach ist der Kohlenhydratanteil deutlich geringer als bei Low Carb, und der Eiweißanteil deutlich geringer als bei Atkins.

DIE VORTEILE EINER KETOGENEN ERNÄHRUNG:

- ✔ GEWICHTSREDUKTION
- ✔ KÖRPERFETTREDUKTION
- ✔ STABILISIERUNG DES BLUTZUCKERS (MINDERUNG DER INSULINAUSSCHÜTTUNG UND ERHÖHUNG DER INSULINEMPFINDLICHKEIT), WODURCH KEINE HOHEN BLUTZUCKERSPITZEN MEHR ENTSTEHEN (INTERESSANT AUCH FÜR DIABETIKER TYP 2)
- ✔ MENTALE KLARHEIT (KEIN „NACHMITTAGSTIEF“ MEHR)
- ✔ DEN GANZEN TAG ÜBER MEHR UND VOR ALLEM KONSTANTE ENERGIE, KEIN LEISTUNGSABFALL
- ✔ WENIGER HUNGER, DADURCH WENIGER MAHLZEITEN
- ✔ GRÖSSERES SÄTTIGUNGSGEFÜHL/KEIN HEISSHUNGER
- ✔ VERBESSERTE BLUTFETTWERTE (TRIGLYZERIDE/CHOLESTERINWERTE LDL UND HDL)
- ✔ VERBESSERTES HAUTBILD
- ✔ VERBESSERTE VERDAUUNG
- ✔ WENIGER INFEKTE/ERKÄLTUNGEN
- ✔ ENTZÜNDUNGSHEMMEND

UND WOFÜR STEHT JETZT KETO?

Jetzt wird's wissenschaftlich! Um zu verstehen, was die ketogene Ernährung im Körper bewirkt und wie sie funktioniert, braucht es ein gewisses Hintergrundwissen. Sprich, was macht der Körper da eigentlich, wenn er im Keto-Modus ist?

Der Begriff Keto kommt von Ketose. Der physiologische Vorgang der Ketose findet dann statt, wenn unser Körper seine Energie statt aus Kohlenhydraten (welche zu Glukose abgebaut werden) aus Ketonkörpern bezieht. Der Stoffwechsel stellt sich bei einer sehr geringen bis gar keiner Kohlenhydratzufuhr, wie z. B. auch beim Fasten, auf einen Hungerstoffwechsel um. Hier greift der Körper auf alle vorhandenen Glukosevorräte und die Fettreserven in der Leber zurück. In der Leber werden durch die Aufspaltung von Fettsäuren Ketonkörper gebildet, welche dann den Körper mit Energie versorgen. Bei dieser Aufspaltung der Fettsäuren entsteht das Molekül Acetyl-CoA, welches in die Mitochondrien (die „Kraftwerke" der Zellen) geschleust wird, um Energie in Form von ATP zu generieren. Die drei hierbei entstehenden Ketonkörper sind Aceton, Acetoacetat und Beta-Hydroxybutyrat. Demnach stellen Ketonkörper eine alternative Energiequelle dar.

Bei der ketogenen Ernährung wollen wir vor allem das gespeicherte Körperfett abbauen. Ein Kilogramm Fettgewebe hat ca. 7.000 kcal.
Wenn wenig Glukose vorhanden ist, verstärkt unser Körper hierbei einen Vorgang namens Lipolyse, bei dem Fett aus dem Fettgewebe zur Energiegewinnung abgebaut wird.

Interessant zu erwähnen sind hier die Studien von Martinez und Haymes (1992), sowie Platt und Deshpande (2005). Babys sind in Ketose geboren und viel effizienter darin als Erwachsene, Ketonkörper für die Energiegewinnung zu verwerten. Unsere natürliche Form der Energiegewinnung ist demnach die Ketose. Dies verändert sich nur durch die Nahrungsauswahl, die wir im Laufe des Heranwachsens treffen. Dadurch haben wir uns quasi antrainiert, Kohlenhydrate/Glukose als primäre Energiequelle zu verwenden. Genauso können wir uns aber auch wieder darauf trainieren, Fett bzw. Ketonkörper als Energiequelle zu nutzen. Dies ist ein Prozess, den man Keto-Adaption nennt.
Diese Keto-Adaption kann mehrere Wochen dauern. Besonders in der ersten Woche kann die Umstellung von Kohlenhydraten auf Fett zu einem Leistungs- und Energieabfall führen. Nach ca. sechs Wochen ist die Energiegewinnung jedoch weitestgehend umgestellt. Allerdings gibt es keinen genauen Zeitpunkt den man festlegen kann, um zu sagen ob jemand keto-adaptiert ist oder nicht. Hier fallen viele Faktoren, wie z. B. vorherige Essgewohnheiten, Essenshäufigkeit, Aktivitätslevel, Genetik oder die Insulinempfindlichkeit ins Gewicht. Was das genau bedeutet, werde ich Dir später noch erklären.

Die Ketonkörper Beta-Hydroxybutyrat (BHB) und Acetoacetat werden in der Leber hergestellt. Acetoacetat wird über den Urin ausgeschieden, BHB ist im Blut auffindbar und Aceton in der Atemluft. Nach einer gewissen Zeit, wenn die Nieren sich an die ketogene Ernährung gewöhnt haben, werden nicht mehr so viele Ketonkörper über den Urin ausgeschieden, weshalb die Teststreifen, die gern verwendet werden um festzustellen, ob man in der Ketose ist oder nicht, dann nicht mehr aussagekräftig sind. Mehr über die verschiedenen Messmöglichkeiten erfährst Du auf Seite 36.
Die Harnsäurekonzentration kann in den ersten zwei Wochen ansteigen, weil die Nieren nicht so viel filtern können. Die Ketonkörper und die Harnsäure kämpfen quasi darum, dass die Nieren sie ausscheiden. Sobald der Körper keto-adaptiert ist (nach rund vier bis sechs Wochen), reguliert sich dieser Prozess und die Harnsäure erreicht wieder ihr normales Level.

Der Wasserhaushalt im Körper kann bis zu zwei Liter schwanken. Das sind ca. zwei kg. Der Körper speichert drei bis vier Gramm an Wasser für jedes Gramm an gespeichertem Glykogen. Wenn die Glykogenspeicher geleert werden, wird auch Wasser ausgeschieden, weshalb man anfangs zügiger abnimmt. Häufig erreicht man ein Plateau, an dem wochenlang keine Gewichtreduktion zu vermerken ist und plötzlich sind zwei kg runter. Dies ist auf die Veränderung des Wasserhaushaltes im Körper zurückzuführen.

MUSS ICH, UM ABZUNEHMEN, DIE KALORIENAUFNAHME VERRINGERN?

So einfach ist es leider nicht, sonst hätten wir ja nicht so viele frustrierte Menschen, die erfolglos bei ihren Abnehmversuchen und dem Durchhalten ihrer Diäten sind. Das Problem bei einer drastischen Kalorienrestriktion ist, dass sich unser Stoffwechsel entsprechend anpasst, um die Grundfunktionen unseres Körpers mit der aufgenommenen Kalorienmenge aufrecht zu erhalten. Dadurch verlangsamt sich unser Stoffwechsel. Einfach weniger zu essen und sich mehr zu bewegen ist demnach nicht unbedingt die Formel zu langfristigem Erfolg.
Entscheidend ist eine konsequente Ernährungsumstellung mit Lebensmitteln von hoher Qualität und Nährstoffdichte. Die Verteilung der einzelnen Makronährstoffe (Kohlenhydrate, Fett, Eiweiß) und eine ausreichende Zufuhr an Mikronährstoffen (Vitamine und Mineralien) spielen hierbei ebenfalls eine wichtige Rolle. Nicht zu vergessen bleibt auch die Genetik, denn jeder Mensch reagiert anders auf Nahrung und sportliche Aktivität.

WAS BEDEUTET DIE MASSEINHEIT KALORIE?

Eine Kalorie ist die Menge, die an Wärme benötigt wird, um ein Gramm Wasser um ein Grad Celsius zu erwärmen. Eine Kilokalorie (kcal) lässt einen Liter Wasser um ein Grad Celsius ansteigen.

Der größte Vorteil der ketogenen Ernährung ist, dass man aufgrund einer niedrigen Kohlenhydratzufuhr abnimmt, auch wenn die Kalorienmenge nicht reduziert wird. Dies belegen Studien von z. B. Jeff Volek oder auch Walter Brehm.
Volek erklärt darin: „*Sowohl zwischen als auch innerhalb von Gruppenvergleichen zeigte sich ein deutlicher Vorteil einer VLCK (very low-carbohydrate ketogenic) gegenüber einer LF-Diät (low fat) für Gewichtsabnahme, Gesamtfettverlust und Rumpffettverlust bei Männern (trotz deutlich höherer Energieaufnahme).*"
Und Brehm erläutert: „*Die Frauen beider Diäten reduzierten den Kalorienverbrauch nach 3 und 6 Monaten um vergleichbare Werte. Die sehr kohlenhydratarme Diätgruppe hat mehr Gewicht verloren als die fettarme Diätgruppe […] eine sehr kohlenhydratarme Ernährung ist effektiver als eine fettarme Ernährung zur kurzfristigen Gewichtsabnahme.*"
Es ist nicht zwingend erforderlich die Kalorienzufuhr drastisch zu verringern, wie die obigen Studien beweisen. Fettreiches Essen sorgt für ein größeres Sättigungsgefühl. Das bedeutet im Umkehrschluss, dass ich viel eher und länger satt bin. Fett hat mit 9 Kalorien pro Gramm eine hohe Kaloriendichte, daher summieren sich die Kalorien hier sehr schnell. Wenn ich natürlich ohne Ende Sahne in meinen Kaffee kippe, mich an Nüssen überfresse oder alles in Butter ertränke, kann ich nicht erwarten, Gewicht zu verlieren. Ich selbst esse zweimal täglich. Jede Mahlzeit hat bei mir zwischen 700 und 900 Kalorien, daher komme ich dann auf 1.500 bis knapp 2.000 Kalorien. Für einen aktiven Menschen wie mich funktioniert das hervorragend. Jeder muss hier seinen Bedarf individuell errechnen und an den eigenen Alltag anpassen.

BEI WELCHEN NAHRUNGSMITTELN MUSS ICH AUFPASSEN?

- Bei Milchprodukten, da sie einen hohen Milchzuckeranteil enthalten (100 ml Milch haben ca. 5 g Kohlenhydrate, davon 5 g Zucker).
- Bei zu vielen Nüssen oder Nussbutter. Das unnötige „Mehr" an Fett, führt zu einer enorm hohen Kaloriendichte.
- Bei künstlichen Süßungsmitteln. Diese können zu Verdauungsproblemen führen. Stevia, Erythrit und Mönchsfrucht sind am besten, da sie den Blutzuckerspiegel nicht beeinflussen. Kein Maltodextrin oder Isomalt verwenden (diese rufen einen Anstieg des Blutzuckerspiegels hervor). Sucralose sollte nur in Maßen verzehrt werden.
- Vorsicht bei Zutatenlisten auf Verpackungen. Laut aktuellen Regularien kann man bei einem Eiweißriegel, der z. B. 20 g Kohlenhydrate beinhaltet, die Zuckeralkohole abziehen (15 g), was einen Netto-Kohlenhydratanteil von 5 g ergibt. Das darin enthaltene Maltitol kann sich auf den Blutzuckerspiegel auswirken und bei größeren Mengen zu Magenproblemen führen.
- Bei einigen Gemüsesorten und dem meisten Obst. Diese haben einen hohen Kohlenhydratanteil und sind voller Fructose (Fruchtzucker).
- Bei fettarmen Lebensmitteln – fast immer wird der fehlende Geschmack durch Zucker aufgefüllt.

Eine Liste mit den keto-freundlichen und keto-feindlichen Lebensmitteln findest Du auf den Seiten 28 und 29.

TIPP:

Es ist immer besser, wenig von einem qualitativ hochwertigen Nahrungsmittel zu essen, als viel von einem Lebensmittel von schlechter Qualität.

IST DIE KETOGENE ERNÄHRUNG FÜR ALLE MENSCHEN GEEIGNET?

Wie mit allen Ernährungsformen, ist die ketogene Ernährung nicht die Lösung für alles. Ich möchte nochmal darauf hinweisen, dass dieses Buch lediglich meine persönlichen Erfahrungen mit dieser Ernährungsform schildert. Egal für welche Ernährung Du Dich letztendlich entscheidest: Du solltest immer im Vorhinein mit einem Arzt abklären, ob diese Diät die richtige für Dich und Deinen Körper ist. Bei Problemen z. B. mit der Bauchspeicheldrüse, Gallenblase oder den Nieren, beeinträchtigter Leberfunktion, Fettverdauungsstörungen, oder auch bei bestehender Schwangerschaft (hier fehlen noch zuverlässige, aussagekräftige Studien) wird von Experten empfohlen, auf eine ketogene Ernährungsweise zu verzichten.

Der Weg in die Ketose

Du hast jetzt die Grundprinzipien der ketogenen Ernährung verstanden und bist hochmotiviert in die Ketose zu gelangen? Dann kommt hier meine Anleitung für Dich mit allen nützlichen Tipps und Tricks.

Um in die Ketose zu kommen, müssen zunächst der Blutzucker gesenkt und die Glykogenspeicher geleert werden. Die Glykogenspeicher in der Leber und den Muskeln haben eine Kapazität von rund 1.600 – 2.000 Kalorien und sind in ca. 48 Stunden geleert, sofern Du die Kohlenhydratzufuhr unter 50 g belässt oder fastest. Beachte auch meine folgenden Tipps wie Du dies am besten erreichst.

MAKRONÄHRSTOFFE, KALORIEN UND CO.

Rechne zuerst über einen Keto-Rechner Deinen Kalorienbedarf aus. Auf meiner Website kannst du dafür meinen deutschen Keto-Rechner nutzen, der sehr genau ist. Ein Freund von mir hat ihn eigens dafür programmiert, da ich bisher nur englischsprachige Versionen gefunden hatte. Einfach auf www.deestricker.com/ketorechner gehen und los geht's! Für eine Gewichtsreduktion wird zunächst empfohlen 250 kcal am Tag weniger zu sich zu nehmen. Der Rechner gibt Dir die tägliche Menge an Kohlenhydraten, Eiweißen und Fetten vor, die Du zu Dir nehmen darfst.
Bei mir waren die Startwerte: 20 g netto Kohlenhydrate, 85 g Eiweiß und 140 g Fett bei 1.700 Kalorien täglich. Je nach Aktivitätslevel, Alter, Geschlecht, Körperfettanteil und Ausgangsgewicht variieren diese Werte von Mensch zu Mensch. Es sei auch noch erwähnt, dass Du, wenn Du eine gewisse Menge abgenommen hast, diese Werte neu kalkulieren musst. Ich habe das alle drei Monate gecheckt und angepasst.

ERNÄHRUNGSTAGEBUCH

Damit Du ein Gefühl dafür bekommst, wie viel Gramm von den einzelnen Nährstoffen jeweils in Deinem Essen sind, empfehle ich Dir ein Ernährungstagebuch zu führen. Ich habe gute Erfahrungen mit der kostenlosen App MyFitnessPal gemacht, aber es ist natürlich Dir selbst überlassen, wie Du deine Ernährung am liebsten festhältst. In diesem Ernährungstagebuch solltest Du auf jeden Fall vier bis sechs Wochen lang all Deine Mahlzeiten festhalten, um zu sehen, ob Du auf dem richtigen Weg bist. Ich persönlich habe am Anfang stets zu viel Eiweiß gegessen und nicht genug Fett. Das Tagebuch ermöglichte es mir, diesen Fehler zu erkennen und entsprechend zu beheben.

Ich möchte Dich darauf hinweisen, dass es nicht zwingend erforderlich ist, immer die täglich vorgegebene Fettmenge zu erreichen. Zwinge Dich nicht, mehr Fett zu essen, wenn Du pappsatt bist und einfach keinen Hunger mehr hast. Lass Dich vom normalen Hungergefühl leiten. Man kann nämlich auch zu viel Fett essen, obwohl das aufgrund des hohen Sättigungsgefühls schwierig ist. Nimmt man allerdings zu viel Fett zu sich, verhindert man damit, dass der Körper auf die eigenen Fettreserven zugreift. Man bremst sich damit im Prinzip selbst aus.

Der entscheidende Faktor für die Ketose ist eine möglichst niedrige Kohlenhydratzufuhr.
Wir wollen ja, dass unser Körper unsere Fettreserven „anzapft". Deshalb muss man den Körper nicht mit massiv viel Fett überschwemmen. Es ist nicht notwendig, sich eine halbe Tüte Sahne in den Kaffee zu rühren oder sich Fat Bombs (kleine, süße oder herzhafte Fettbomben in Pralinenform, sehr beliebt in den USA, um auf den täglichen Fettbedarf zu kommen, aber meiner Meinung nach unnötig) einzuverleiben. Deshalb möchte ich Dir ans Herz legen, Dich in erster Linie auf die niedrige Kohlenhydratzufuhr zu konzentrieren und das Eiweißlevel stabil zu halten. Zu viel Eiweiß kann einen „aus der Ketose schmeißen" (siehe Seite 43), es ist jedoch nicht nötig sich zu viele Sorgen um die Proteinaufnahme zu machen, sofern man nicht mehr als 10–20 g über dem errechneten Bedarf liegt, gerade wenn man viel Sport macht.

Eine Studie von Charlotte M. Young und Kollegen belegte bereits 1971 die Theorie, dass eine niedrige Kohlenhydratzufuhr die wichtigste Komponente für einen erfolgreichen Gewichtsverlust ist. Die Probanden wurden in drei Gruppen aufgeteilt. Eine Gruppe verzehrte 100 g Kohlenhydrate pro Tag, eine weitere Gruppe 60 g und eine dritte Gruppe 30 g. Alle Gruppen nahmen gleichermaßen 115 g Eiweiß pro Tag zu sich.
Die Gruppe, die die geringste Menge an Kohlenhydraten (30 g) zu sich nahm, hatte nach neun Wochen die meisten Ketone im Blut, den größten Gewichtsverlust und keinen Verlust an Muskelmasse. Die Gruppe mit 100 g kam nie in die Ketose. Die Menge an zugeführten Kohlenhydraten ist also der entscheidendste Faktor.

Wenn Du eine Weile Tagebuch geführt hast, wirst Du merken, dass Du Dich bei den gleichen Lebensmitteln einpendelst und irgendwann auch im Gefühl hast, wie viele Kalorien jede Mahlzeit hat. Hat sich das einmal eingespielt, kannst Du einfach so viel essen, bis Du satt bist. Da man in Keto kein großes Hungergefühl hat, kommt man selten in Versuchung zu viel zu essen und man ist deutlich schneller satt.

MAHLZEITENPLANUNG

Zu Beginn nahm ich immer ein spätes Frühstück zu mir, aß nachmittags einen kleinen Snack (z. B. Käse und eine Handvoll Nüsse) und abends mein Abendessen. Nach ein paar Wochen hatte ich nachmittags keinen Hunger mehr und ließ den Snack einfach weg. Natürlich hat jeder Mensch einen anderen Arbeitsalltag und Rhythmus, lebt alleine oder zu zweit oder hat noch Kinder zu versorgen. Da kann es zu vollkommen anderen Zeitfenstern kommen in denen man isst. Entscheidend ist, den für sich richtigen Rhythmus und Weg zu finden. Du hast keinen Hunger auf Frühstück? Dann lass es weg. Du kriegst Hunger während Du auf der Arbeit bist? Dann iss einen kleinen Snack. Dein Körper signalisiert Dir, was er wann und wie braucht. Das Schöne an der ketogenen Ernährung ist, dass Du wieder lernst auf Deine Signale zu hören.

Was mir immer gut geholfen hat war, meine Mahlzeiten im Voraus zu planen, entsprechend dafür einzukaufen und, wenn möglich, sogar vorzukochen. Dafür hältst Du ja schließlich auch dieses Buch in Deinen Händen. Ohne Strategie einfach planlos loszulegen wird hier nicht funktionieren. Ich gebe Dir in diesem Buch viele Ideen für Mahlzeiten, von Frühstück bis Nachtisch, an die Hand, die sich in den meisten Fällen auch noch super variieren lassen.

Solltest Du einen Partner oder Kinder haben, empfehle ich Dir, sie mit in den Prozess der Mahlzeitenplanung einzubinden. Vielleicht habt ihr Lust mal gemeinsam ein Brot zu backen oder am Wochenende Waffeln zu machen? Mein Mann aß das erste Jahr nicht ketogen, also passten wir alle Gerichte so an, dass wir für ihn eine „normale Kohlenhydratportion" dazu kochten. Während ich beispielsweise Zucchininudeln zur Bolognese-Sauce aß, kochten wir ihm die klassischen Spaghetti aus Hartweizengrieß. Eine Portion Reis oder Nudeln nebenher für die „Nicht-Ketarier" zu kochen, habe ich nie als zusätzlichen Aufwand empfunden.

ESSENSHÄUFIGKEIT UND INTERVALLFASTEN

Studien sehen keinerlei Vorteile darin, mehrere Mahlzeiten pro Tag zu sich zu nehmen. Angeblich soll dies den Stoffwechselturbo ankurbeln, konnte wissenschaftlich bisher aber nicht belegt werden.

Die Häufigkeit der Mahlzeiten zu verringern ist optimal, da Fasten zu einer Erhöhung des Ketonspiegels im Blut beiträgt. Es gibt diverse Fastenprotokolle. Die bekanntesten sind das sogenannte Intervallfasten bzw. intermittierende Fasten (IF) und das Alternate Day Fasten (ADF). Beim Intervallfasten wird innerhalb eines bestimmten Zeitfensters gegessen, den Rest der Zeit nimmt man keine Nahrung zu sich. Gängig sind 16 Stunden fasten und ein achtstündiges „Ess-Fenster". Da der Körper mindesten 14 Stunden braucht, um in einen Fastenzustand zu gelangen, ist dieses Fenster optimal. Beim Alternate Day Fasten (ADF) isst man seinen normalen Kalorienbedarf, z. B. 2.000 Kalorien, und am darauffolgenden Tag nur 25 % davon, also 500 Kalorien. Dies macht man immer im Wechsel. Beide Methoden sind laut Studien gut, um Fett abzubauen und den Muskelabbau zu verringern.

Es gibt auch noch das sogenannte „Carb Cycling". Dabei folgt man an beispielsweise fünf Tagen in der Woche der ketogenen Ernährung und isst am Wochenende Kohlenhydrate. Dies führt allerdings, wie fälschlicherweise angenommen, zu keiner Fettabnahme, sondern dem Verlust von Muskelmasse. Außerdem dauert es rund vier Tage bis man wieder in der Ketose ist, weshalb man sich immer gut überlegen sollte, ob man sich ein Stück Kuchen auf Omas Geburtstag gönnt oder nicht. Wilson und Lowery fanden 2017 heraus, dass man, je länger man keto-adaptiert ist, umso einfacher wieder in die Ketose gelangt, sollte man einmal etwas mehr Kohlenhydrate innerhalb einer Mahlzeit gegessen haben.

WELCHE LEBENSMITTEL DARF ICH ESSEN?

Jetzt hast Du Dir dieses Buch gekauft, Deinen Kalorienbedarf und Deine Makronährstoffe ausgerechnet und dein Ernährungstagebuch vorbereitet.
Der nächste Schritt ist, alles, was sich an keto-feindlichen Lebensmitteln im Haus befindet, zu verschenken und Platz für alle keto-freundlichen Lebensmittel zu machen. Solltest Du nicht alleine leben, kannst Du Dir vielleicht Deine eigene Ecke, Schublade oder Schrankfach einrichten, wo Du nur „Deine" Produkte verstaust. Wichtig ist, dass Du nicht in Versuchung geführt wirst von einem Partner, der sich neben Dir die Tüte Chips reinpfeift. Hier muss man, zumindest für die Eingewöhnungsphase, auf Unterstützung plädieren und den Liebsten oder die Liebste freundlich bitten, solche Dinge lieber in Abwesenheit zu verzehren. Es müssen alle an einem Strang ziehen. Wenn Du einmal keto-adaptiert bist und die ersten, härtesten Wochen überstanden hast, wird Dich die Tüte Chips nicht mehr interessieren. Du weißt, dass sie Dir nicht guttut und dich aus der hart erkämpften Ketose wirft – also lieber Finger weg!

Wenn all das geklärt ist, solltest Du einen Plan mit allen Lebensmitteln erstellen, die für eine ketogene Ernährungsweise geeignet und natürlich auch all jenen, die ein No-Go sind. Hier ist eine (unvollständige) Auflistung für Dich, die Du beliebig fortführen kannst:

Keto-feindliche Lebensmittel

- ALLES WAS ZUCKER ODER STÄRKE ENTHÄLT!
- Softdrinks, Säfte, Bier, Cocktails
- Brot (egal ob Weiß- oder Vollkornmehl), Nudeln, Kekse, Kuchen, Teilchen, Pizza
- Cerealien, Müsli, Haferflocken
- Kartoffelprodukte, Reis, Quinoa, Bulgur, Buchweizen, Hirse
- Milchprodukte die fettarm oder mager sind (1,5 % und 3,5 % Milch, Magerquark, Naturjoghurt) und Kondensmilch – sie enthalten zu viel Milchzucker
- Fertigprodukte und alles was verarbeitet und industriell hergestellt ist
- fertige Saucen, Marinaden, Mayonnaise, Ketchup, Dressings und Dips
- Lightprodukte, fettreduzierte oder fettarme Produkte
- Honig, Agavendicksaft, Ahornsirup, weißer und brauner Zucker
- Margarine und andere künstliche Fette
- Pflanzenöle wie Sonnenblumenöl, Rapsöl, Distelöl, Traubenkernöl (nur wenn sie kaltgepresst sind) – sie enthalten zu viele Omega-6-Fettsäuren
- Frittiertes
- Süßigkeiten, Riegel und Schokolade unter 70 %, Eiscreme, Chips, Trockenobst
- Obst außer Beeren – enthält zu viel Fruchtzucker
- Sojaprodukte (außer fermentierte Sojaprodukte, wie z. B. Tempeh, Miso oder Sojasauce)
- Hülsenfrüchte (Linsen, Kichererbsen, dicke Bohnen, Kidneybohnen)
- Rote Beete, Mais, Erbsen
- Fleisch-, Fisch- und Wurstprodukte von minderwertiger Qualität
- Wurst, die Zucker (Glukosesirup, Dextrose, Maltodextrin) enthält

Keto-freundliche Lebensmittel

- Fleisch: Rind, Schwein, Hühnchen, Pute, Truthahn, Lamm, Ente, Gans, Wild, Innereien und Speck – nach Möglichkeit alles in grasgefütterter oder Bio-Qualität
- Salami, Schinken und Wurst, sofern sie keinen Zucker enthält
- Fisch: Lachs, Makrele, Sardinen, Hering, Matjes (möglichst aus Wildfang)
- Eier in jeglicher Form – am besten aus Freilandhaltung oder Bio-Qualität
- Butter und Ghee (geklärte Butter), Schmalz, Kokosöl, Olivenöl, Avocadoöl, Nussöle
- Milchprodukte mit hohem Fettgehalt: Schlagsahne (33 %), Quark (40 %), griechischer Joghurt (10 %), Crème Fraîche, Mozzarella, Schafs- und Ziegenkäse, Ricotta, Mascarpone, fetter Käse (Brie, Camembert, Gouda, Parmesan), Frischkäse
- Nüsse und Kerne: Macadamia, Pecannüsse, Paranuss, Walnuss, Haselnuss, Erdnuss, Mandeln, Sonnenblumen-, Pinien- und Kürbiskerne. Cashews und Pistazien nur in Maßen
- Beerenobst: Brombeeren, Himbeeren, Erdbeeren, Heidelbeeren/Blaubeeren, Johannisbeeren, Cranberries
- Avocado, Oliven
- Rhabarber, Limetten, Zitronen, Wassermelone in Maßen
- grünes Gemüse: Salat, Spinat, grüner Spargel, Gurke, Zucchini, Brokkoli, Grünkohl, Rosenkohl, Pak Choi, Mangold, Stangenbohnen. Lauch und Frühlingszwiebeln in Maßen.
- sonstiges Gemüse: Blumenkohl, Weißkohl, Wirsing, Spitzkohl, Paprika, Tomate, Aubergine, Sellerie, Zwiebeln, Knoblauch, Ingwer, Chili, Kohlrabi, Radieschen, gelbe Zucchini, Pilze. Kürbis und Karotten nur in Maßen.
- Gewürze, Kräuter, Senf, selbstgemachte Mayonnaise, Chilisauce, Zitronen- und Limettensaft oder -Zeste, Essig (Apfel, Weißwein, Rotwein)
- dunkle Schokolade ab 70 % – nur in Maßen
- Wasser, Kräutertee, Kaffee
- trockener Rot- oder Weißwein, Sekt, klarer Alkohol (Gin, Wodka, Whisky, Brandy) – nur in Maßen
- Gelatine
- Kokosnuss, Kokoschips, Kokosraspeln
- Erythrit (ein Zuckeralkohol, fermentiert, wird nicht absorbiert, hat keinen Einfluss auf den Insulinspiegel, wird über Urin ausgeschieden), Stevia, Mönchsfrucht, Sucralose nur in Maßen

Deine Liste hängst Du Dir am besten an Deinen Kühlschrank, so dass Du stets im Blick hast, was erlaubt und was nicht erlaubt ist. Ich rede nicht so gerne von „verbotenen“ Lebensmitteln, weil dies etwas von Restriktion hat. Generell haben wir bei dem Wort „Diät“ immer Angst, uns würde etwas vorenthalten werden, dass wir auf etwas verzichten müssen, uns kasteien und all unsere Lebensfreude opfern. Doch bei der ketogenen Ernährung darf man sehr viele Lebensmittel essen, die die meisten Menschen irritieren.
„Du isst drei Eier und fünf Speckstreifen zum Frühstück? Oh mein Gott, Dein Cholesterin!“ Und höflich lächelst Du diese Aussage weg und freust Dich über das neugewonnene Wissen, welches Du auf Seite 46 erlangen wirst. Auch die verdutzen Blicke im Restaurant stören Dich nicht, wenn Du ein Steak mit Sauce Hollandaise und Spinat, aber bitteschön ohne Kartoffelgratin bestellst. Ja, Extrawünsche und komische Blicke werden häufiger vorkommen. Aber am Ende wird Dir der Erfolg recht geben. Besonders, wenn Du Dein Gewicht hältst und sich alle fragen, wie Du das bloß schaffst. Kleines Augenzwinkern.

TABELLE KOHLENHYDRATE IN OBST PRO 100 G:

ÄPFEL	11,4 (g) KH
AVOCADOS	0,4 (g) KH
BANANEN	20,0 (g) KH
CRANBERRIES	6,2 (g) KH
ERDBEEREN	5,5 (g) KH
GRAPEFRUIT	7,4 (g) KH
GUAVEN	5,4 (g) KH
HEIDELBEEREN/BLAUBEEREN	6,1 (g) KH
HIMBEEREN	4,8 (g) KH
JOHANNISBEEREN ROT	4,8 (g) KH
JOHANNISBEEREN SCHWARZ	6,1 (g) KH
KIRSCHEN SAUER	9,9 (g) KH
KIRSCHEN SÜSS	13,2 (g) KH
LIMETTEN	1,9 (g) KH
PAPAYAS	2,4 (g) KH
PFIRSICHE	8,9 (g) KH
STACHELBEEREN	7,1 (g) KH
WASSERMELONEN	8,3 (g) KH
ZITRONEN	3,2 (g) KH

TABELLE KOHLENHYDRATE IN GEMÜSE PRO 100 G:

ARTISCHOCKEN	2,6 (g) KH
AUBERGINEN	2,7 (g) KH
BLUMENKOHL	2,3 (g) KH
BROKKOLI	2,5 (g) KH
CHINAKOHL	1,3 (g) KH
EISBERGSALAT	1,9 (g) KH
ENDIVIENSALAT	0,3 (g) KH
ERBSEN	12,3 (g) KH
FELDSALAT	0,7 (g) KH
FENCHEL	2,8 (g) KH
FRÜHLINGSZWIEBELN	3,0 (g) KH
GRÜNE BOHNEN / STANGENBOHNEN (ROH)	5,1 (g) KH
GRÜNER SPARGEL	2,2 (g) KH
GRÜNKOHL	3,0 (g) KH
GURKEN	1,8 (g) KH
KAROTTEN	4,8 (g) KH
KARTOFFELN (ROH)	14,8 (g) KH
KNOLLENSELLERIE	2,3 (g) KH
KOHLRABI	3,7 (g) KH
KÜRBIS (HOKKAIDO)	12,6 (g) KH
LAUCH	2,3 (g) KH
MAIS	15,8 (g) KH
MANGOLD	0,7 (g) KH

PAPRIKA GRÜN	2,9 (g) KH
PAPRIKA GELB	4,9 (g) KH
PAPRIKA ROT	6,4 (g) KH
RADIESCHEN	2,2 (g) KH
RETTICH	1,9 (g) KH
RHABARBER	2,7 (g) KH
ROMANASALAT	1,8 (g) KH
ROSENKOHL	3,8 (g) KH
ROTKOHL	3,5 (g) KH
RUCOLA	1,1 (g) KH
SAUERKRAUT	2,4 (g) KH
SPINAT	0,6 (g) KH
SPITZKOHL	2,7 (g) KH
STANGENSELLERIE	2,2 (g) KH
TOMATEN CHERRY / COCKTAIL	3,5 (g) KH
TOMATEN RISPE / FLEISCHTOMATE	2,6 (g) KH
WEISSER SPARGEL	2,2 (g) KH
WEISSKOHL	4,1 (g) KH
WIRSINGKOHL	2,4 (g) KH
ZUCCHINI	2,0 (g) KH
ZWIEBELN	4,9 (g) KH

WELCHE SNACKS DARF ICH ZWISCHENDURCH ESSEN?

Für alle Menschen die viel unterwegs sind oder den ganzen Tag im Büro verbringen, habe ich noch eine Liste mit Snackideen erstellt, die sich relativ gut auch über ein paar Stunden halten.
Ich persönlich esse während meiner Arbeitszeit nichts. Ich esse ein reichhaltiges, spätes Frühstück und dann erst wieder nach meiner Arbeit, was meist nicht vor 22:30 Uhr abends ist. Wenn ich als Merchandiserin (T-Shirt und CD-Verkauf) mit Bands unterwegs bin, bringe ich mir immer Snacks für unterwegs mit. An den Tank- und Raststätten gibt es kaum keto-freundliches Essen und nach den Konzerten ist das Buffet meist leergeräumt. Demnach bin ich immer vorbereitet, indem ich mir haltbare, sattmachende Snacks mitnehme.

Hier eine Auswahl an Snackideen:

- ✔ Salamisticks (Bifi, Kaminwurzen, Kabanossi)
- ✔ Babybel, Cheese Strings, Camembert-Ecken (diese Lebensmittel dürfen nur nicht zu lang ohne Kühlung bleiben)
- ✔ hartgekochte Eier
- ✔ Sonnenblumenkerne, Kürbiskerne, Erdnüsse, Pecannüsse, Paranüsse, Macadamianüsse, Walnüsse, Mandeln, Kokoschips
- ✔ Sandwiches mit selbstgebackenem Brot (Rezepte auf Seite 166 und Seite 172) oder Wölkchenbrot (Rezept auf Seite 176)
- ✔ dunkle Schokolade ab 80 % Kakaoanteil
- ✔ Proteinriegel (z. B. „N!ck's" Kokosnuss- oder Peanutriegel)
- ✔ Keto-Muffins (Rezept auf Seite 162)
- ✔ Erdnusskekse (Rezept auf Seite 158)
- ✔ Erdnussbutter, Mandelbutter
- ✔ Himbeeren, Heidelbeeren, Erdbeeren, Brombeeren
- ✔ Oliven
- ✔ Avocado
- ✔ Snackgurken
- ✔ Cherry-Tomaten
- ✔ Proteinpulver (ich nutze gern das Frey Nutrition, Geschmack „Neutral" von Whey) – wenn der Shake getrunken werden soll, Pulver im Shaker mischen z. B. mit Kokosmilch, ungesüßter Mandelmilch oder Wasser

DIE BESTEN KETOGETRÄNKE

Ganz klar Wasser! Viele Menschen mögen ihr Kaltgetränk gern mit Geschmack. In dem Fall kann man entweder ein paar Gurken-, Zitronen- oder Limettenscheiben ins Wasser geben, frische Minzblätter hinzufügen, einen Kräuter-, Schwarz- oder Früchtetee aufbrühen und erkalten lassen oder ein paar Aromatropfen hinzufügen. Ich verwende am liebsten die Tasty Drops von GymQueen. Diese bestehen aus Sucralose und sollten deshalb nur sparsam verwendet werden. Ihre Süße ist allerdings sehr kräftig.

Warmer Tee und selbstverständlich Kaffee sind auch erlaubt. Bei Tee sollte man nur aufpassen, dass er keine künstlichen Aromastoffe enthält. Sorten wie z. B. „Apple Pie" oder auch diverse Früchtetees enthalten häufig Maltodextrin oder Honiggranulat. Bei Kaffee sollte natürlich komplett auf Zucker und Milch verzichtet werden. Ein Café Latte in der Größe Tall bei Starbucks enthält sagenhafte 14 g Kohlenhydrate und 12 g Zucker! Also am besten schwarz genießen oder, wenn's gar nicht ohne etwas „Milchiges" geht, auf flüssige Schlagsahne, Mandel- oder Kokosmilch zurückgreifen.

KETO UND ALKOHOL

Bei der ketogenen Ernährung ist Alkohol nur in Maßen erlaubt. Am besten wäre es, Du würdest zumindest in den ersten Monaten ganz darauf verzichten. Alkohol verringert die Fettverbrennung und da diese das ultimative Ziel ist, möchtest Du Dich ja nicht selbst darin behindern. Außerdem schlägt jedes Gramm Alkohol mit ca. 7 Kalorien zu Buche. Ein Glas Rotwein hat demnach um die 150–160 Kalorien, Weißwein um die 130–140. Jedoch ist so ein Gläschen trockener Wein oder Sekt ab und zu, oder ein klarer Alkohol wie z. B. Gin oder Wodka, ein- bis zweimal pro Woche in Ordnung. Vorausgesetzt Du bist ansonsten gesund und hast keine Leberprobleme. Generell gilt es keine süßen Cocktails oder Bier zu trinken. Es gibt ein paar Light Biere, die unter 3 g Kohlenhydrate pro Flasche haben, jedoch habe ich sie bisher nur in den USA finden können. Ich habe auf den Seiten 184 und 186 auch zwei leckere, ketofreundliche Cocktails für Dich.

Sei außerdem gewarnt, dass man in Ketose deutlich schneller betrunken wird. Die Gründe hierfür sind noch nicht komplett erforscht. Deshalb mein Tipp: zu jedem Gläschen das Du Dir genehmigst, immer ein Glas Wasser trinken und nie auf leeren Magen.

TABELLE KOHLENHYDRATE IN ALKOHOL PRO 100 ML:

BRANDY	2,0 g (KH)
CACHAÇA	0,0 g (KH)
CIDRE	2,6 g (KH)
GIN	0,0 g (KH)
KÖLSCH	4,0 g (KH)
OUZO/RAKI	0,1 g (KH)
ROTWEIN TROCKEN	2,4 g (KH)
RUM 40 VOL.-%	0,0 g (KH)

SEKT/PROSECCO	1,4 g (KH)
TEQUILA 38 VOL.-%	0,0 g (KH)
VODKA	0,0 g (KH)
WEISSWEIN TROCKEN	0,5 g (KH)
WEIZENBIER	3,0 g (KH)
WERMUT TROCKEN	5,5 g (KH)
WHISKY	0,1 g (KH)

WAS DARF ICH IM RESTAURANT BESTELLEN?

Ich mache es häufig so, dass ich vorab im Internet schaue, was auf der Speisekarte des Restaurants steht und ich mir dann Gedanken darüber mache, was ich essen könnte. Das hat bisher eigentlich immer geklappt.

Eigentlich ist auswärts essen gar nicht so risikobehaftet wie man denkt. Im Prinzip gibt es bei jedem Italiener Vorspeisen wie Carpaccio, Mozzarella mit Tomaten oder Antipasti, Hauptspeisen mit Kalb oder Fisch, dazu Beilagengemüse, ohne Nudeln oder Kartoffeln, dafür reichlich Gorgonzolasauce oder Kräuterbutter. Zur Not geht natürlich auch immer ein Salat, beim Dressing solltest Du allerdings nur Essig und Öl wählen. Die Dressings und Vinaigrettes enthalten oft versteckte Zucker. Beim Asiaten bestellt man einfach alles ohne Reis, beim Sushi-Laden nur Sashimi, Misosuppe ohne Tofu oder Handrollen ohne Reis. Ansonsten sind Steakhäuser und Tapasläden Dein Freund. Da gibt's immer Fleisch oder Fisch in diversen Variationen und als vegetarische Optionen immer Gemüsebeilagen, Käse, gefülltes Gemüse und Salat. Solltest Du auf eine Party mit Buffet eingeladen sein, dann bringst Du einfach etwas keto-freundliches mit und begeisterst die anderen Gäste mit deiner Kreation. Ich habe schon häufiger meine Keto-Muffins mitgebracht oder auch einen Salat. So kannst Du immer sicher gehen, dass Du auch etwas zu essen findest.

WAS IST DIE „KETO FLU"?

Die Keto-Grippe, auch „Keto Flu" genannt, bekommen viele Menschen zu Anfang einer ketogenen Ernährungsumstellung, da der Körper vermehrt das ganze Wasser ausschwemmt, das die Kohlenhydrate vorher eingelagert haben. Durch diesen Prozess verliert der Mensch viele Elektrolyte oder auch Mineralstoffe, die sehr wichtig für diverse Funktionen im Körper sind. Zu den wichtigsten Mineralien bzw. Elektrolyten gehören Natrium, Kalium, Magnesium und Kalzium. Der tägliche Bedarf an Natrium beträgt etwa 3–5 g und der an Kalium 2–3 g. Daher ist es wichtig dem Körper ausreichend Mineralien zuzuführen, denn selbst herstellen kann er sie leider nicht. Der Verlust dieser Mineralstoffe führt dann zu grippeähnlichen Symptomen wie Müdigkeit, Kopfschmerzen, Schlappheit etc.
Um den Elektrolytehaushalt auszugleichen und konstant zu halten, trinke ich jeden Morgen vor dem Frühstück zwei Teelöffel einer selbstgemachten Salzsole, eine Lösung die aus Wasser und Salz besteht.

HIER IST DAS REZEPT:

- 1 Einmachglas mit Glasdeckel (wichtig: kein Metall!) und ein Plastiklöffel
- 150 g Himalaya-Salz
- 500 ml stilles Wasser

ZUBEREITUNG:

- Das Himalaya-Salz in das Einmachglas geben. Mit stillem Wasser aufgießen und oben etwas Platz lassen.

- Vorsichtig schütteln oder kurz mit einem Plastiklöffel (kein Metall, da die Ionen im Salz elektrisch geladen sind und hierdurch ins Ungleichgewicht gebracht werden) verrühren. Über Nacht stehen lassen.

- Am nächsten Tag sollte sich das meiste Salz aufgelöst haben und der Rest auf dem Boden des Einmachglases liegen. Das Wasser hat dann die maximale Menge an Salz aufgenommen, ist ausreichend gesättigt (26 %) und kann nun verzehrt werden. Sollte kein Salz mehr auf dem Glasboden sein, gib noch ein paar Teelöffel Salz hinzu und zwar so oft, bis sich etwas davon am Glasboden absetzt. Erst dann ist das Wasser vollständig gesättigt.

Zusätzlich supplementiere ich mit Magnesium (mindestens 400 mg).
So habe ich nie die unschöne Bekanntschaft mit der „Keto Flu" gemacht.
Manche Leute schwören auch auf selbstgemachte Brühe (aus Rind, Huhn oder Gemüse).

Die verminderte Energie entsteht zum einen durch den Mangel an Mineralstoffen, zum anderen aber natürlich auch, weil sich unser gesamter Organismus, insbesondere das Gehirn, auf die neue Art der Energiegewinnung umstellen muss. Die Energie kehrt allerdings in der Regel nach wenigen Tagen bis Wochen zurück.
Aufgrund der veränderten Energiebereitstellung kann Deine Leistung beim Kraft- und Ausdauertraining eingeschränkt sein. Der Körper braucht etwas Zeit, bis er sich umgestellt und an die neue Energiequelle gewöhnt hat. Wenn Du vorher nie Sport gemacht hast, empfehle ich Dir zu walken und ein leichtes Training zu absolvieren. Wenn Du ein sportlich aktiver Mensch bist und regelmäßig trainierst, kannst Du es mit HIIT (High Intensity Interval Training) probieren. Diese Art von hochintensivem Training hilft Dir besser in die Ketose zu gelangen, da die Glykogenspeicher dadurch schneller geleert werden. Bei sportlicher Aktivität empfiehlt es sich reichlich Elektrolyte zuzuführen, da man deutlich mehr schwitzt.

WOHER WEISS ICH, OB ICH IN KETOSE BIN?

Als nächstes möchtest Du sicher wissen, wie Du am besten Ketone messen kannst, um sicherzustellen, dass Du Dich auch in der Ketose befindest. Für jeden der drei Ketonkörper gibt es eine eigene Messmethode:

ACETON findet man in der Atemluft. Hier atmet man in ein Atemmessgerät aus.

ACETOACETAT findet man im Urin. Hier kann mit Teststreifen getestet werden.

BETA-HYDROXYBUTYRAT findet man im Blut. Hier wird mittels Pricktest am Finger ein kleiner Tropfen Blut entnommen und in einem speziellen Messgerät ausgelesen.

Wenn man sich in der Ketose befindet, zeigt der **Ketonwert > 0,5 Millimol = mmol/L an und kann bis 5 mmol/L** gehen.

Messgeräte und Teststreifen kann man ganz einfach im Internet oder in der Apotheke bestellen. Am besten testet man morgens, da sich der Ketongehalt im Laufe des Tages durch Bewegung oder Nahrung verändern kann.

Wenn man diese Ernährungsform über einen längeren Zeitraum praktiziert, heißt das nicht, dass man automatisch immer mehr essen muss. Es sind dann weniger Ketone im Urin bzw. im Blut, da der Körper effizienter darin ist, diese zu den Zellen zu befördern, in denen sie in Energie umgewandelt werden. Man merkt nach einer Weile ziemlich gut, ob man in Ketose ist oder nicht.

TROUBLESHOOTING – WENN'S MAL STAGNIERT

Solltest Du an einen Punkt gelangen, an dem sich weder auf der Waage noch bei der Messung mit dem Maßband etwas tut, Du aber weiterhin abnehmen möchtest, dann gibt es hier ein paar kleine Tipps, die den Keto-Turbo wieder anschmeißen können.

- Überprüfe Deine Kalorienzufuhr. Dein Ziel ist es, Deine gespeicherten Fettreserven anzuzapfen, deshalb iss nur so viel Fett, wie Du in Deinen Makros ausgerechnet hast. Im Prinzip musst Du nicht einmal an diese Vorgabe herankommen. So lange Du genug Energie und keinen Hunger hast, benötigst Du nicht zwingend ein großes „Mehr" an Fett.

- Möglicherweise isst Du aber auch nicht genügend Fett, um Dein Hungergefühl zu eliminieren und Dich lange satt zu machen. Führe nochmals ein paar Tage Buch über Deine Fettaufnahme, um herauszufinden, ob Du genug oder zu viel Fett zu Dir nimmst.

- Eliminiere jegliche Snacks und höre auf Dein natürliches Hungergefühl.

- Implementiere intermittierendes Fasten. Siehe hierzu die Rubrik *Essenshäufigkeit und Intervallfasten* auf Seite 26.

- Entweder isst Du zu viel Eiweiß oder nicht genug. Führe noch mal ein bis zwei Wochen Ernährungstagebuch, um mögliche Fehler aufzuspüren. Gegebenenfalls musst Du die Zufuhr entweder verringern oder um 10–15 g erhöhen (gerade, wenn Du viel Kraftsport machst).

- Bewege Dich mehr.

- Verändere Deine Sportroutine – die Dauer Deiner Workouts, die Intensität, die Häufigkeit und die Art der Bewegung. Der Körper passt sich schnell an, deshalb ist es wichtig, aus dem Trott auszubrechen und neue Bewegungsmuster/Übungen zu erlernen.

- Lasse eine Zeitlang Milchprodukte weg – alternativ kannst Du Kokosmilch, Ghee (geklärte Butter) und ungesüßte Mandelmilch verwenden.

- Kalkuliere in regelmäßigen Abständen Deine Makronährstoffverteilung neu. Mit der Gewichtsreduktion geht auch eine Veränderung des täglichen Nährstoff- und Kalorienbedarfs einher.

- Trinke mehr Wasser.

- Probiere Eierfasten aus, siehe hierzu die Regeln auf Seite 38.

WIE FUNKTIONIERT EIERFASTEN?

Im Prinzip ernährst Du Dich fünf Tage lang von Eiern, Fett und etwas Käse. Klingt wenig spannend, ich weiß, kann jedoch helfen, aus einer Phase des Stillstands auszubrechen. Du wirst außerdem erstaunt sein, was man aus diesen paar Zutaten alles zaubern kann.

1. Fünf Tage lang mindestens sechs Eier pro Tag – möglichst Bio-Qualität.
2. Pro Ei einen EL gutes Fett (Olivenöl, Kokosöl, Butter) – keine Sahne!
3. Pro Ei bis zu 30 g vollfetten Käse (das macht am Tag insgesamt eine Menge von maximal 180 g Käse). Ich empfehle Frischkäse, Mascarpone, Gouda, Camembert, Brie, Gorgonzola und Mozzarella.
4. Alle drei bis maximal fünf Stunden Eier plus Fett und etwas Käse essen.
5. Unter maximal 5 g Kohlenhydrate täglich bleiben.
6. Erlaubt sind Gewürze, Kräuter, Tabasco (scharfe Saucen) und Senf, solange sie nicht mehr als ein Gramm Kohlenhydrate pro Mahlzeit haben.
7. Erythrit zum Süßen von Speisen ist erlaubt.
8. Viel Wasser trinken! Kaffee und Tee sind erlaubt. Kein Alkohol!
9. Bis zu drei zuckerfreie Softdrinks sind erlaubt.
10. Besonders morgens ist Bulletproof Coffee ideal. Man mischt dazu ca. 200 ml schwarzen Kaffee mit 1 EL (ca. 10 g) Butter oder 1 EL Kokosöl in einem Mixer oder mit einem Milchaufschäumer, damit der Kaffee eine cremige und fluffige Konsistenz bekommt.
11. Auf eine ausreichende Mineralstoffzufuhr achten – besonders Magnesium, Natrium und Kalium. Am besten morgens Salzsole trinken und abends Magnesium einnehmen.
12. Spätestens drei Stunden vor dem Schlafen sollte die letzte Mahlzeit verzehrt worden sein.
13. Nach Abschluss der fünf Fastentage beginnen zwei Umstellungstage zurück auf eine ketogene Ernährung. Diese sollten jeweils mit einem eierlastigen Frühstück beginnen.

Warum Eierfasten so effektiv ist, um aus einer Stagnation auszubrechen ist bislang unerforscht. Ich habe damals über zwei Kilo abgenommen und auch mein Körperfett reduziert. Möglicherweise war einiges an Wasser dabei, aber es half mir definitiv aus der Phase des Stillstands auszubrechen und motivierte mich neu. Allerdings gab es auch Nachteile, denn da kaum Ballaststoffe aufgenommen werden, verlief die Verdauung etwas schwierig. Eierfasten ist also über einen längeren Zeitraum ungeeignet, ganz davon abgesehen, dass man irgendwann auch keine Eier mehr sehen kann …

Falls du detaillierte Informationen, spezielle Eierfasten-Rezepte und einen Erfahrungsbericht meinerseits dazu lesen möchtest, schau gerne auf https://deestricker.com/eierfasten/ vorbei.

Das Nährstoff-Einmaleins

Bei der ketogenen Ernährung wird empfohlen zwischen 60–80 % der Kalorien durch Fett aufzunehmen, 15–30 % durch Eiweiß und 5–10 % durch Kohlenhydrate. Dies kann individuell variieren. Jemand der sich aus therapeutischen Gründen ketogen ernähren möchte, hat einen höheren Fettbedarf (80 % oder mehr), hält die Kohlenhydratzufuhr niedrig (unter 5 %) und die Eiweißzufuhr moderat (um die 15 %). Jemand der viel Sport macht, würde eher um die 25 % Eiweiß und 60–70 % Fett aufnehmen bei einer Kohlenhydratzufuhr von 5 %.

Der Einfachheit halber kannst Du Dich an der folgenden, durchschnittlichen Nährstoffverteilung orientieren:

5 % Kohlenhydrate
20 % Eiweiß
75 % Fett

Grundsätzlich bezeichnet man Kohlenhydrate, Eiweiße und Fette als Makronährstoffe und Vitamine, Mineralien und Spurenelemente als Mikronährstoffe.

KOHLENHYDRATE

Kohlenhydrate sind nicht essentiell, was bedeutet, dass sie nicht über die Nahrung zugeführt werden müssen. Es wird gerne behauptet, Kohlenhydrate seien der wichtigste Energielieferant für unseren Körper, doch tatsächlich gibt es nur ganz wenige Organe, die Kohlenhydrate zur Energiegewinnung benötigen. Unser Gehirn kann z. B. Glukose oder Ketone verbrennen, jedoch kein Fett. Das Gehirn ist nur dann abhängig von Kohlenhydraten, wenn die Ernährung kohlenhydratreich ist. Es wird kohlenhydratunabhängig, sobald die Kohlenhydratzufuhr drastisch gedrosselt wird und es stattdessen Ketone zur Energiegewinnung verwendet.

Außerdem sind Kohlenhydrate nicht gleich Kohlenhydrate und werden im Körper unterschiedlich verarbeitet. Es besteht ein großer Unterschied, ob ich meine Kohlenhydrate in Form von Pizza oder Nudeln zu mir nehme oder in Form von Spinat, Himbeeren und Tomaten. Diese haben jeweils unterschiedliche Auswirkungen auf unseren Körper.

Man unterscheidet zwischen drei Arten von Kohlenhydraten:

MONOSACCHARIDE = EINFACHE KOHLENHYDRATE, EINFACHZUCKER

Glukose (die einfachste Form von Zucker)
Fruktose (Fruchtzucker)
Galaktose (Milchzucker)

DISACCHARIDE = ZWEIFACHZUCKER (ZWEI MITEINANDER VERBUNDENE MONOSACCHARIDE)

Sukrose (Haushaltszucker = Glukose gebunden an Fruktose)
Laktose (Milchzucker = Glukose gebunden an Galaktose)

POLYSACCHARIDE = MEHRFACHZUCKER (MEHR ALS 10 ANEINANDER GEBUNDENE MONOSACCHARIDE)

Stärke (Brot und Müsli)
Zellulose (Hauptbestandteil pflanzlicher Zellwände)
Dextrose (Backkartoffeln)
Pektin (Marmelade)

Mono- und Disaccharide werden auch „einfache Kohlenhydrate" genannt. Sie sind für den Körper einfach zu zerlegen, wodurch der Blutzuckerspiegel schnell ansteigt.
Polysaccharide werden als „komplexe Kohlenhydrate" bezeichnet, da mehr Ketten aufgespalten werden müssen und es daher länger braucht sie zu verarbeiten. Der Blutzuckerspiegel steigt dabei langsam an.

Bei der ketogenen Ernährung wird die Kohlenhydratzufuhr generell niedrig gehalten, wodurch ein großer Anstieg des Blutzuckerspiegels vermieden wird. Hier spielt der Glykämische Index (GI) eines Nahrungsmittels eine große Rolle. Er liegt zwischen 1 und 100 und bestimmt, wie schnell ein Lebensmittel den Blutzucker ansteigen lässt.
Die Glykämische Last (GL) misst ebenfalls, wie Kohlenhydrate den Blutzucker ansteigen lassen, aber berücksichtigt hierbei auch den Gesamtanteil der Kohlenhydrate des Lebensmittels.

$$GL = GI \times \frac{\text{Kohlenhydratmenge im Testlebensmittel}}{100\text{ g}}$$

Ein Glykämischer Index von über 70 und eine glykämische Last von über 20 gelten als hoch.
Hier ein Rechenbeispiel anhand von Pommes Frites und den Kohlrabi-Pommes (Seite 128):

POMMES FRITES:

$$GL = 95 \times \frac{35\ g}{100\ g} = 33{,}25$$

KOHLRABI:

$$GL = 15 \times \frac{3{,}7\ g}{100\ g} = 0{,}5$$

Wenn also jemand behauptet, es sei egal was man isst, Hauptsache die Kalorienbilanz stimme, hat derjenige nicht verstanden wie unser Körper Nährstoffe aufnimmt und verwertet.
Kohlenhydrate sollten aufgrund ihrer Ballaststoffe jedoch nicht komplett gemieden werden, da sie wichtig für die Verdauung sind. Es ist entscheidend die „richtigen" Kohlenhydrate zu essen, denn Gemüse und Beerenobst beispielsweise liefern zusätzlich wichtige Vitamine und Mineralstoffe.
Kohlenhydrate haben vier Kalorien pro Gramm. Sie werden im Körper in Glukose umgewandelt. Fruchtzucker, auch Fruktose genannt, kann nicht direkt in Glukose umgewandelt werden. Stattdessen wird er von der Leber in Fett umgewandelt.
Im Ruhezustand verbrennt ein Erwachsener maximal 50 Kalorien an Glukose pro Stunde. Die restliche Glukose aus der Nahrung wird als Glykogen gespeichert. Die Muskeln und die Leber können jedoch nur eine bestimmte Menge an Glykogen speichern, zwischen 1.000 und 2.000 Kalorien. Die Menge hängt vom Fitnesslevel und der Muskelmasse ab, denn je mehr Muskeln man hat, desto mehr Glykogen können diese speichern.

Wenn die Speicher voll sind, und um einen extremen Anstieg des Blutzuckerspiegels zu vermeiden, übernimmt die Leber die Arbeit und konvertiert die überschüssige Glukose zu Fett. Dieser Vorgang nennt sich de novo Lipogenese, was so viel bedeutet wie „Fett wird von Neuem hergestellt". Die Fettsäuren, die aus dieser Konvertierung entstehen, werden in Triglyzeride umgewandelt und in den Blutkreislauf geschleust, wodurch der Triglyzeridspiegel im Blut ansteigt. Wurden Glukose oder Fruktose einmal in Fett umgewandelt können sie nicht wieder zurück in Blutzucker verwandelt werden, denn Lipogenese ist eine Stoffwechsel-Einbahnstraße.

Ein großer Bestandteil der Anpassung des Körpers an eine kohlenhydratarme Ernährungsweise besteht darin, dass er Fettsäuren anders verarbeitet, indem er besonders die Verbrennung von gesättigten Fettsäuren beschleunigt. Dies führt zu einer Senkung der gesättigten Fettsäuren im Blut. Es findet dann auch keine de novo Lipogenese mehr statt.

WAS SIND NETTO-KOHLENHYDRATE?

Nehmen wir als Beispiel Erdbeeren. Auf 100 g haben sie 5,4 g Kohlenhydrate und 2 g Ballaststoffe. Um den Netto-Kohlenhydratwert zu bestimmen, ziehen wir die Ballaststoffe von der Gesamtmenge an Kohlenhydraten ab:

5,4 g - 2 g = 3,4 g netto Kohlenhydrate

Da die Ballaststoffe nur minimal vom Körper aufgenommen werden, und demnach keinen Einfluss auf den Blutzuckerspiegel haben, werden sie nicht mitgezählt. Bei der ketogenen Ernährung wird empfohlen unter 30 g Netto-Kohlenhydrate zu kommen, idealerweise sogar unter 20 g.

Einen weiteren, wichtigen Faktor spielt das Nahrungsvolumen. Wenn ich nur Sahne, Nüsse, Käse oder Kokosöl verzehre, nehme ich keine Ballaststoffe zu mir, nehme aber eine große Menge an Kalorien auf. Ein großer Salat oder eine große Portion Brokkoli hingegen füllen unseren Magen deutlich mehr, aufgrund des größeren Nahrungsvolumens. Gleichzeitig signalisiert das größere Volumen unserem Magen „ich bin voll", bei einer deutlich geringeren Kaloriendichte. Unser Gehirn erhält dann das mechanische Signal, dass wir satt sind und signalisiert weniger Hunger. Das „Sättigungshormon" Leptin wird ausgeschüttet. Im Zustand der Ketose wird ein Anstieg des Hormons Ghrelin (auch bekannt als „Hungerhormon") verhindert, das normalerweise ein erhöhtes Hungergefühl auslöst.

EIWEISSE

Eiweiß ist ein wichtiger Baustein für unseren Körper da er an vielen physiologischen Prozessen beteiligt ist. Eiweiß wird u. a. für die Herstellung und den Erhalt von Sehnen, Bändern, Muskeln, Knochen, Haut, Haaren und Nägeln verwendet und ist wichtig für die Eiweißsynthese, den Muskelaufbau, die Muskelreparatur und die Hormonfreisetzung.

Eiweiße sind aus Aminosäuren aufgebaut von denen es 20 verschiedene gibt. Darunter sind neun essentielle Aminosäuren: Leucin, Isoleucin, Lysin, Histidin, Methionin, Phenylalanin, Threonin, Tryptophan und Valin.

Essentiell bedeutet, dass der Körper sie nicht ausreichend selbst herstellen kann und sie über die Nahrung aufgenommen werden müssen. Von diesen neun essentiellen Aminosäuren sind besonders die verzweigtkettigen Aminosäuren Leucin, Isoleucin und Valin wichtig. Diese werden auch Branched-Chain Amino Acids (BCAAs) genannt und sind von entscheidender Bedeutung für den Muskelaufbau, die Muskelreparatur und die Regeneration. Eiweiß hat 4 Kalorien pro Gramm. Der Körper baut nicht automatisch mehr Muskeln auf, indem er mehr Eiweiß zu sich nimmt. Muskeln bauen sich nur dann auf, wenn sie auch einem mechanischen Reiz, sprich Sport, ausgesetzt sind.

Das eiweißhaltige Gewebe befindet sich ständig im Zustand der Erneuerung und Reparatur. Wenn dem Körper nicht ausreichend Eiweiß zugeführt wird, fängt er an, anderes Gewebe zu zersetzen, um daraus Aminosäuren zu recyceln und die Funktionen aufrecht zu erhalten.

Eine zu hohe Eiweißzufuhr kann die Ketose behindern, da Aminosäuren (z. B. Alanin) im Eiweiß enthalten sind, die bei Energieengpässen in Glukose umgewandelt werden können. Deshalb wird empfohlen nur bis zu 20 % des Tagesbedarfes aus Eiweißen zu sich zu nehmen, um diesen Prozess zu vermeiden. Wenn Du natürlich sportlich sehr aktiv bist, können zusätzliche 10–20 g Eiweiß nicht schaden, da dann ein erhöhter Bedarf besteht.

Die Eiweißmenge und -qualität ist entscheidend. Empfehlenswert sind laut Dr. Stephen Phinney:

- 1,2 g – 1,5 g pro Kilogramm Körpergewicht, um einen Verlust von Muskelmasse zu verhindern.
- Das Maximum liegt bei 1,7 g pro Kilogramm Körpergewicht.
- Menschen die keinen Sport machen, sollten sich eher am unteren Bereich orientieren (1,2 g) und sportlich aktive Menschen eher am oberen (1,5 g).
- Damit kommt man in der Regel auf eine tägliche Menge von 90–150 g für einen erwachsenen Menschen.

FETTE

„Fett macht fett.“ „Fett erhöht den Cholesterinspiegel.“ Solche Aussagen hört man im Allgemeinen recht häufig. Mythen, die sich hartnäckig halten. Deshalb müssen wir uns im Kopf erst einmal umstellen und lernen zu verstehen, dass Fett nicht gleich Fett ist und es verschiedene Arten von Fetten gibt. Bei der ketogenen Ernährung ist Fett der Hauptenergielieferant, daher ist es eine gute Idee sich jetzt damit anzufreunden.
Fette sind im Körper in Form von Triglyzeriden vorzufinden. Triglyzeride sind Moleküle mit drei Fettsäuren (Tri) die mit einem Glycerin verestert sind. Die Leber kann dieses Glycerin verwenden, um daraus mittels des Prozesses der Glukoneogenese („Glukose neu erzeugen“) Glukose zu gewinnen. Zusätzlich kann bei der Glukoneogenese aus Laktat oder Aminosäuren Glukose synthetisiert werden. Die Fettsäuren können wiederum zu Ketonen verarbeitet werden. Manche Organsysteme im Körper können kein Fett oder Ketone zur Energiegewinnung verwenden, deshalb ist die Glukoneogenese der Weg diese Organsysteme mit ausreichend Energie zu versorgen.

Volek und seine Kollegen fanden heraus, dass der Körper zehn Gramm Fett zersetzen muss, um ein Gramm Glukose herzustellen!

Fettsäuren sind, ebenso wie Eiweiße, essentiell. Sie müssen also über die Nahrung zugeführt werden. Da die meisten Fette wenig bis gar kein Wasser enthalten, haben sie eine hohe Kaloriendichte: 9 Kalorien pro Gramm.

Der menschliche Körper speichert Fett als Energiereserve, für den Fall, dass es keine Nahrung gibt. Und jetzt kommt's: Eine Ernährung, die reich an gesättigten Fettsäuren ist, führt in fett-adaptierten Menschen zu einer Senkung der gesättigten Fettsäuren im Blut, da fett-adaptierte Menschen eine deutlich bessere Fettverbrennung und -verwertung haben. Die gesättigten Fettsäuren werden als erstes als Energie innerhalb der Zellen verbrannt, weshalb sie sich nicht ansammeln können. Super, oder?

Gesättigte Fettsäuren sind nur dann gefährlich, wenn sie sich ansammeln. Hierfür sind meist die über die Nahrung aufgenommenen Kohlenhydrate verantwortlich.

Fett wird in den Muskeln für die Energiegewinnung genutzt oder gespeichert. Gespeichertes Fett in den Muskeln dient dann, wie Glykogen (die Speicherform von Glukose), als Treibstoffreserve für sportliche Aktivitäten.

Menschen können maximal 400–500 Gramm Glykogen beziehungsweise 1.000–2.000 Kalorien in der Muskulatur speichern. Im Gegensatz dazu besitzen wir Fettspeicher von 30.000 bis 60.000 Kalorien, stark Fettleibige sogar bis zu 200.000 Kalorien. Diese Speicher können wir bei einer kohlenhydratlastigen Ernährung nur nicht „anzapfen". Bei einer ketogenen Ernährung geschieht genau das. Wir zapfen unsere Fettspeicher an, um Energie zu gewinnen. Dies ist insbesondere für Sportler sehr interessant, da sie dadurch eine fortwährende Energiequelle haben, aber auch für diejenigen, die vor allem ihren Körperfettanteil reduzieren wollen.

Die Fettsäuren lassen sich in gesättigte und ungesättigte Fettsäuren unterteilen.

GESÄTTIGT: „festes Fett" = fest bei Zimmertemperatur (Butter, Schmalz, Kokosöl). Wenn Fettmoleküle mit Wasserstoffatomen verbunden sind, sind sie gesättigt.

Bei einem gesättigten Fettmolekül ist jedes Kohlenstoffatom an mehrere Wasserstoffatome gebunden. Diese sind wiederum miteinander verbunden und bilden eine Kette aus Wasserstoffatomen. Dadurch ergeben sich unterschiedlich lange Ketten:

KURZKETTIG (SHORT CHAIN TRIGLYCERIDES/SCT) = 6 KOHLENSTOFFATOME

MITTELKETTIG (MEDIUM CHAIN TRIGLYCERIDES/MCT) = 6–10 KOHLENSTOFFATOME

LANGKETTIG (LONG CHAIN TRIGLYCERIDES/LCT) = MEHR ALS 10 KOHLENSTOFFATOME

Kurz- und mittelkettige Fettsäuren können direkt in die Leber gelangen und Energie produzieren, wohingegen langkettige Fettsäuren einen längeren Transportweg haben.
Zu den mittelkettigen Fettsäuren (MCTs) gehören C6 = Kapronsäure, C8 = Caprylsäure, C10 = Caprinsäure und C12 = Laurinsäure. Die Zahl hinter dem C steht für die Anzahl der Kohlenstoffatome. In der Keto-Gemeinde verwenden viele Anhänger MCT-Öl zur schnellen Energiegewinnung. Laurinsäure (C12) ist übrigens in der Muttermilch vorzufinden und liefert dem Baby Energie.

UNGESÄTTIGT: unterteilt in einfache ungesättigte Fettsäuren und mehrfach ungesättigte Fettsäuren = flüssig bei Raumtemperatur (Olivenöl, Nussöl, Avocadoöl). Wenn die Kohlenstoffatome nicht mit Wasserstoffatomen verbunden sind, sind sie ungesättigt.

Zu den mehrfach ungesättigten Fettsäuren gehören Omega-3 und Omega-6 und Omega-9. Die Zahlen der Fettsäuren beziehen sich auf die Stelle der ersten Doppelbindung (am 3., 6. oder 9. Kohlenstoffatom). Idealerweise sollte das Verhältnis von Omega-3 zu Omega-6 bei 1:5 sein, doch in der heutigen Zeit liegt es teilweise sogar bei 1:20!

- *Omega-6 Fettsäuren* sind u. a. in Sonnenblumenöl, Rapsöl oder Sojaöl sowie in Fleisch aus Massentierhaltung enthalten und für unsere Gesundheit nicht förderlich, da sie Entzündungen im Körper hervorrufen können.
- *Omega-3 Fettsäuren* (ALA=Alpha-Linolsäure, EPA=Eicosapentaeonsäure und DHA= Docosahexaenosäure) sind gut für unser Herz und gut gegen Entzündungen. Man findet sie u. a. in fettem Fisch, wie z. B. Lachs oder Makrele und in Leinöl.

Mehrfach ungesättigte Fettsäuren sind Teil von Phospholipiden, die für den Aufbau von Zellmembranen und die Regulierung der Zellaktivitäten wichtig sind.

Neben den gesättigten und den ungesättigten Fetten existieren die ***Transfette*** die entstehen, wenn ungesättigte Fettsäuren künstlich zu gesättigten Fettsäuren verarbeitet werden, indem ihnen Wasserstoff hinzugeführt wird. Dadurch werden sie bei Zimmertemperatur fest. Das beste Beispiel hierfür ist Margarine. Transfette sind Gift für unseren Körper, da sie das HDL („gute") Cholesterin senken und das LDL („schlechte") Cholesterin erhöhen. Transfette können immer wieder verwendet werden, weshalb sie vor allem in der Fast-Food-Industrie gern zum Frittieren genutzt werden.

CHOLESTERIN

Wer viel Fett zu sich nimmt wird unweigerlich damit konfrontiert werden, ob er oder sie keine Angst vor einem erhöhten Cholesterinspiegel habe. Denn uns wurde über Jahrzehnte eingeredet, dass fetthaltige Lebensmittel den Cholesterinspiegel erhöhen. Das arme Hühnerei erhielt einen miserablen Ruf. „Iss bloß nicht zu viele Eier. Davon bekommst Du einen Herzinfarkt!“ Doch wie kam es zu der Annahme, dass das Ei eine tickende Zeitbombe sei?

EINE UNGLAUBLICHE GESCHICHTE

Im Jahr 1950 veröffentlichte der amerikanische Ernährungswissenschaftler Ancel Keys die erste Studie zum Thema Cholesterin. Er gab den Teilnehmern 3000 mg Cholesterin pro Tag, was einem Konsum von ca. sechszehn (!) Eiern entspricht und stellte fest, dass dies kaum einen Effekt auf das Cholesterin im Blut hatte. Doch dann gab es einen Anstieg an Herzkrankheiten und Keys begann, sich an Nahrungsfetten zu orientieren. Er versuchte Fett als Übeltäter für den Anstieg an Herzkrankheiten verantwortlich zu machen und brachte dadurch eine Lawine der Low-Fat-Ernährung ins Rollen.

1958 starteten Keys und seine Kollegen die „Sieben Länder Studie“, die sich mit den Themen gesättigte Fettsäuren und Herzkrankheiten beschäftigte. Keys‘ Fazit: Die Menschen der Länder, in denen eine große Menge gesättigter Fettsäuren verzehrt wurde (besonders Fleisch und Milchprodukte), waren öfter von Herzkrankheiten betroffen, als die Menschen der Länder, in denen mehr Getreide, Fisch, Nüsse und Gemüse auf dem Speiseplan standen. Daraus entstand seine These, dass gesättigte Fettsäuren das Cholesterin im Blut ansteigen lassen, wodurch das Herzinfarktrisiko steigt.
Doch hier lag der Fehler – Keys hatte nur auf die Korrelation und nicht die Verursachung geachtet. Er hatte bewusst Länder verglichen, die seine Hypothese stärken (Jugoslawien, Finnland und Italien). Er schloss Länder wie Deutschland, Schweiz, Schweden und Frankreich aus, die zwar viel Fett aßen, aber keine hohen Herzinfarktraten vorzuweisen hatten. Trotzdem glaubten Millionen Menschen, Fett zu essen würde zu Herzkrankheiten führen.

Der an Übergewicht leidende Robert C. Atkins, ein amerikanischer Arzt und Kardiologe, versuchte sich bereits in den 1960er-Jahren an einer von Dr. Alfred Pennington empfohlenen Diät, die erläuterte, dass nicht zu viel Nahrung das Problem der Fettleibigkeit sei, sondern die mangelnde Fähigkeit des Körpers, Glukose vernünftig zu verarbeiten. Laut Dr. Pennington ginge es nicht um die Energiebilanz, sondern um die Verwertung der Nahrung und darum, was der Körper damit mache – verbrennen oder speichern?
Atkins nahm damit so gut ab, dass er die Diät auch seinen Patienten verordnete und 1972 sein erstes Buch „Dr. Atkins´ Diet Revolution“ veröffentlichte, das zum Bestseller avancierte. Atkins propagierte eine hohe Eiweiß- und Fettaufnahme und eine niedrige Kohlenhydratzufuhr und war bereits damals ein Vorreiter der Ketodiät.

WAS IST CHOLESTERIN?

Cholesterin ist ein Lipoprotein und hilft bei der Bildung von Vitamin D und Hormonen, bei der Produktion von Gallensäuren, dem Aufbau von Zellmembranen sowie diversen Stoffwechselvorgängen des Gehirns.
Der menschliche Körper produziert selbst drei Viertel des dafür benötigten Cholesterins. Nur ein Viertel wird über die Nahrung zugeführt. Wenn mehr Cholesterin über die Nahrung zugeführt wird, drosselt der Körper die eigene Produktion.

Das Cholesterin in unserem Blut besteht aus zwei verschiedenen Arten.

Zum einen gibt es das High Density Lipoprotein (HDL), auch als „gutes" Cholesterin bekannt, welches Cholesterin, Fettmoleküle und Proteine an sich bindet und zurück zur Leber bringt, wo sie anschließend entsorgt werden.
Zum anderen gibt es das Low Density Lipoprotein (LDL), welches auch gern als das „schlechte" Cholesterin bezeichnet wird. Es transportiert Cholesterin und andere Fette von der Leber zu anderen Organen. LDL ist eine Mischung aus Lipoproteinen mit verschiedenen Partikelgrößen. Eine kohlenhydratarme Ernährung erhöht die Partikelgröße. LDL besteht aus großen und kleinen LDL-Partikeln. Die ketogene Ernährung sorgt für größere, fluffigere Partikel, die weniger schädlich als die kleineren, dichteren sind. Die kleinen Partikel schwimmen länger im Blutkreislauf und gelangen leichter durch die Arterienwände, weshalb sie eher zu Arteriosklerose beitragen.
Bei einer ketogenen Ernährung kann der LDL-Wert im Blut ansteigen, sinken oder einfach unverändert bleiben. Falls Du einer der Menschen bist, so wie ich, die bei einer kohlenhydratarmen Ernährung einen Anstieg an LDL erleben, fragst du Dich sicher, ob Du Dir nun Sorgen machen musst.
Die kurze Antwort lautet: Im Regelfall musst du das nicht. Wie kommt es aber zu diesem Anstieg an LDL?
Der schnelle Gewichtsverlust zu Anfang einer kohlenhydratarmen Ernährung kann vorübergehend zu einer Erhöhung des LDL-Wertes führen. Unsere Fettzellen speichern eine kleine Menge an gelöstem Cholesterin. Ab einem Gewichtsverlust von ca. 15 kg schrumpfen die Fettzellen und setzen das eingelagerte Cholesterin frei (zwischen 100–200 g täglich). Dies erhöht dann den LDL-Spiegel im Blut. In der Regel dauert dies ein bis zwei Monate an. Wenn der Körper kein Gewicht mehr verliert, kehrt der LDL-Spiegel wieder zu seinem ursprünglichen Wert zurück. Die Leber nimmt das freigesetzte Cholesterin auf und schleust es in die Galle, wo es anschließend gespeichert wird, um letztendlich über den Verdauungstrakt ausgeschieden zu werden.
Solange sich die anderen Biomarker drastisch verbessern, muss man sich um einen kleinen bis mittelmäßigen Anstieg des Gesamt-LDLs keine Sorgen machen.

Wenn Deine Triglyzeride beispielsweise durch die Ernährungsumstellung stark gesunken sind, kann man davon ausgehen, dass auch die Anzahl an gefährlicheren, kleinen LDL-Partikeln gesunken ist. Außerdem steigt in der Regel auch der HDL-Wert (also das „gute" Cholesterin), der bekanntermaßen für ein gemindertes Herzinfarktrisiko steht.

Die Erhöhung des HDL-Cholesterins sorgt zwar auch für eine Erhöhung des Gesamtcholesterins, jedoch verbessert sich in erster Linie das Verhältnis von Gesamtcholesterin zu HDL. Dieses Verhältnis zueinander hat deutlich mehr Voraussagekraft für potentielle Herzerkrankungen als das Verhältnis von LDL zu HDL.

Eine fettarme Ernährung kann zwar den Gesamtcholesterinspiegel senken, hierbei wird aber hauptsächlich das HDL gesenkt. Dadurch wird das Gesamtcholesterin-zu-HDL-Verhältnis in die komplett falsche Richtung gebracht und das Risiko einer Herzerkrankung erhöht.
Es gibt zahlreiche Studien die herausfanden, dass die ketogene Ernährung keinerlei Auswirkung auf die Blutfette (Triglyzeride) hat. Yoshikuni Fujita und seine Kollegen fanden bereits 1975 heraus, dass bei einer Einnahme von 12 g Kohlenhydraten täglich der Triglyzeridspiegel gesenkt werden konnte. Bei einer Einnahme von 390 g Kohlenhydraten täglich konnte jedoch innerhalb von zwei (!) Tagen ein erheblicher Anstieg an Triglyzeriden festgestellt werden. Es sind also Kohlenhydrate die Triglyzeride erhöhen und keine Fette!

Was war jetzt eigentlich mit unserer Cholesterinbombe Hühnerei? Es stellte sich letztendlich heraus, dass die Versuche zum Teil an Pflanzenfressern wie Hasen getestet wurden, die von Natur aus sehr sensibel auf Cholesterin reagieren, da sie es sonst nie zu sich nehmen. Auch wenn ein durchschnittliches Ei von 65 g um die 250 mg Cholesterin enthält, so bringt es viele weitere wertvolle Nährstoffe mit sich, wie z. B. Vitamin D, Omega-3 und Folsäure. Freu Dich also auf Dein nächstes Frühstücksei!

MINERALSTOFFE

WAS SIND ELEKTROLYTE?

Man hört immer wieder, dass bei einer ketogenen Ernährung und hoher körperlicher Aktivität auf den Elektrolytehaushalt geachtet werden soll. Doch was sind eigentlich Elektrolyte?
Im Körper gibt es zahlreiche Elektrolyte (bzw. Mineralstoffe) bestehend aus Säuren, Basen und Salzen, die entweder als positiv (Kationen) oder negativ (Anionen) geladene Atome im Inneren und Äußeren der Zellen schwimmen. Es besteht ein ganz genau abgestimmtes Gleichgewicht in der Zusammensetzung dieser Elektrolyte innerhalb und außerhalb jeder einzelnen Zelle. Wird dieses Gleichgewicht gestört, kann die Zelle ihrer Funktion nicht mehr nachgehen. Da diese Elektrolyte enorm wichtig für die Regulierung des zentralen Nervensystems und der Muskelaktivität sind, sollte man den Elektrolythaushalt stets im Blick haben und für eine ausreichende Zufuhr zu sorgen.

WARUM SIND DIESE MINERALSTOFFE SO WICHTIG BEI DER KETOGENEN ERNÄHRUNG?

Die bedeutendsten Mineralstoffe sind Natrium, Kalium, Magnesium, Calcium und Eisen, wobei Natrium und Kalium bei der ketogenen Ernährung eine übergeordnete Rolle spielen. Eine kohlenhydratreiche Ernährung sorgt dafür, dass die Nieren Natrium (Salz) speichern, wohingegen eine kohlenhydratarme Ernährung dafür sorgt, dass die Nieren vermehrt Natrium ausscheiden. Gerade in der ersten Ketowoche kann dies zu Problemen führen, weil viele Mineralstoffe ausgeschwemmt werden. Da keine Kohlenhydrate mehr präsent sind, sinkt der Insulinspiegel. Normalerweise sorgt Insulin dafür, das Natrium eingelagert wird. Ist dieser Spiegel niedrig, fängt der Körper an, vermehrt Wasser auszuscheiden und somit auch Natrium. Dies kann dann besonders am Anfang zur bereits erwähnten „Keto Flu“ führen, welche sich in Kopfschmerzen, Abgeschlagenheit und Lethargie äußern kann. Deshalb ist es hilfreich, täglich die Salzsole (Rezept auf Seite 35) zu trinken. Hierbei werden 1–2 TL der Salzlösung in ein Glas Wasser gerührt und dann auf nüchternen Magen vor dem Frühstück getrunken.

Natrium reguliert den Wasserhaushalt und den Blutdruck und hält den pH-Wert im Gleichgewicht. Menschen die viel Sport treiben, müssen mehr Natrium zu sich nehmen, da sie durchs Schwitzen viel davon verlieren. Dr. Stephen Phinney empfiehlt hier 3–5 g Natrium täglich.

Kalium hält den pH-Wert im Gleichgewicht, hilft beim Aufbau von Proteinen und kontrolliert die elektrische Aktivität des Herzens. Aufgrund von Wasserausscheidungen kann auch der Kaliumspiegel sinken. Der tägliche Bedarf eines gesunden Menschen liegt bei 4.000 mg. Zu den besonders kaliumreichen Lebensmitteln gehören Avocado, Spinat, Kürbis, alle Kohlsorten, Mandeln und Lachs.

Magnesium unterstützt den Erhalt der normalen Muskel- und Nervenfunktionen, ein gesundes Immunsystem, reguliert den Blutzuckerspiegel und hilft bei der Energie-gewinnung. Der Bedarf eines Erwachsenen liegt bei 300–400 mg pro Tag. Gute Nahrungsquellen sind Kürbis- und Sonnenblumenkerne, Spinat und Brokkoli sowie alle anderen grünen Gemüsesorten, Bitterschokolade (75–90 % Kakaoanteil), Emmentaler Käse und Seelachs.

Calcium ist wichtig für die Herzgesundheit und wird generell besser über die Nahrung als über Nahrungsergänzungsmittel aufgenommen. Der Tagesbedarf liegt bei 1.000 mg. Brokkoli, Grünkohl, Käse, Mandeln, Sonnenblumen- und Sesamkerne, Lachs und Sardinen sind besonders gute Calcium-Quellen.

VITAMINE

Es gibt 13 verschiedene Vitamine. Vier davon sind fettlöslich: Vitamin A, D, E und K. Diese Vitamine kann der Körper speichern. Sie werden vom Körper optimal aufgenommen, wenn etwas Fett hinzugegeben wird, z. B. etwas Öl oder Butter.

Zu den wasserlöslichen Vitaminen gehören die acht B-Vitamine (B1, B2, B3, B5, B6, B7, B9 und B12) sowie Vitamin C, welche vom Körper nicht gespeichert werden können und über den Urin wieder ausgeschieden werden.

Bis auf Vitamin D, das durch die Sonneneinstrahlung auf unserer Haut vom Körper selbst gebildet werden kann, müssen alle anderen Vitamine in ausreichenden Mengen über die Nahrung aufgenommen werden, ansonsten droht ein Vitaminmangel.
Am besten können Vitamine vom Körper in ihrer natürlichen Form aufgenommen werden. Eine Überdosierung durch z. B. Nahrungsergänzungsmittel kann schädlich sein. Bei einer ausgewogenen Ernährung bekommt der Körper in der Regel alle wichtigen Nährstoffe aus der zugeführten Nahrung. Deshalb ist es bei der ketogenen Ernährung wichtig, vitaminreiche Lebensmittel zu inkludieren. Die darin enthaltenen Ballaststoffe sind außerdem wichtig für eine gesunde Verdauung.

Vitamin A: wichtig für Haut, Zellen und Augen. Enthalten in tierischen Lebensmitteln, Butter, Käse und Karotten.

B-Vitamine: wichtig für diverse Prozesse, u. a. Hautregeneration, Haare, Blutbildung, Wundheilung, Cholesterin-, Kohlenhydrat- und Energiestoffwechsel, Nervenzellen, Fettverwertung, Lebertätigkeit und das Immunsystem. Enthalten in Walnüssen, Erdnüssen, Trockenhefe, Innereien, fettem Fisch, Milchprodukten und grünem Blattgemüse.

Vitamin C: wichtig für die Aufnahme von Eisen im Darm, schützt vor freien Radikalen. Enthalten in Beeren, Zitrusfrüchten, Paprika und weiteren Obst- und Gemüsesorten.

Vitamin D: wichtig für die Knochen. Enthalten in fettem Fisch, Leber und Eigelb.

Vitamin E: wichtig für den Zellschutz, bekämpft freie Radikale. Enthalten in pflanzlichen Ölen, Nüssen, Butter und Eiern.

Vitamin K: wichtig für die Blutgerinnung (Vitamin K1) und starke Knochen (Vitamin K2). Verhindert außerdem Calciumablagerungen in den Arterien. Bei einem Mangel an K2 kann Calcium nicht in den Knochen angelagert werden – Osteoporose-Gefahr! Enthalten in grünem Blattgemüse, Eiern, Käse, Fleisch und Innereien.

DIABETES, INSULIN & CO.

WAS IST BLUTZUCKER? Blutzucker ist die Menge an Glukose, die sich im Blut befindet. Bei gesunden Menschen sollte sich dieser Wert im Fastenzustand zwischen 80–120 mg/dL (dL = Deziliter) bewegen. Innerhalb von zwei Stunden nach einer Mahlzeit sollte sich der Blutzuckerspiegel auch wieder zurück auf diese Werte normalisiert haben – bei Diabetikern kann er jedoch über viele Stunden erhöht sein.

WAS IST INSULIN? Insulin ist ein Hormon, welches nach der Einnahme von Kohlenhydraten von den Betazellen in der Bauchspeicheldrüse ausgeschüttet wird. Nachdem wir Kohlenhydrate gegessen haben, werden diese in Glukose aufgespalten, was einen Anstieg der Glukosemenge im Blut zur Folge hat. Um diesen Anstieg an Glukose im Blut wieder auf einen normalen Pegel zu bringen, schüttet die Bauchspeicheldrüse Insulin aus. Insulin transportiert die Glukose aus dem Blut in die Zellen, indem es Membranproteine (GLUT) an der Zelloberfläche antriggert (es „klopft an die Zelltür"). Diese funktionieren dann wie Tunnel, durch die die Glukose geschleust wird.
Wenn die Zellen nicht auf Insulin reagieren erhöht die Leber den Prozess der Glukoneogenese.

Da keine Energie in die Zellen gelangt, denken diese dann, dass sie verhungern. Der Körper produziert dann mehr und mehr Insulin, um die Glukose in den Zellen zu forcieren. Die Zellen haben jedoch keine Kapazität mehr Glukose aufzunehmen, weshalb die Glukosekonzentration im Blut ansteigt.

Wenn die Insulinausschüttung hoch ist, findet keine Fettverbrennung statt. Wenn derselbe Rezeptor an einer Fettzelle stimuliert wird, schaltet diese die Fettverbrennung ab und speichert das Fett. Deshalb sind viele Typ-2-Diabetiker auch übergewichtig. Fettzellen können auch wachsen und sich vermehren. 1994 entdeckte man z. B., dass Fettzellen das Hormon Leptin herstellen.

WAS IST INSULINEMPFINDLICHKEIT? Insulinempfindlichkeit geht mit der Menge an Insulin einher, die die Bauchspeicheldrüse produzieren muss, um eine bestimmte Menge an Glukose in die Zellen zu schleusen. Jemand der eine hohe Insulinempfindlichkeit hat, braucht z. B. nur eine kleine Menge an Insulin, um die Glukose in die Zellen zu schleusen, während jemand der insulinresistent ist, eine große Menge an Insulin benötigt, um die gleiche Arbeit zu erledigen.
Das könnte ein möglicher Grund dafür sein, dass insulinempfindliche Menschen eher schlank bleiben, obwohl sie süße Speisen zu sich nehmen. Die Kohlenhydrate werden besser in die Zellen transportiert und besser als „Treibstoff" verbrannt.
Bei insulinresistenten Menschen braucht es hier eine größere Menge an Insulin für den gleichen Job, was zusätzlich die Fettverbrennung stoppt. Dadurch wird die Glukose als Körperfett gespeichert.
Fasten und eine niedrige Kohlenhydratzufuhr sorgen für einen niedrigen Insulinspiegel. Hierdurch wird die Insulinempfindlichkeit verbessert.

WAS IST DIABETES? Diabetes mellitus ist eine Stoffwechselkrankheit, die aufgrund einer Störung des Hormons Insulin entsteht. Laut der Weltgesundheitsorganisation (WHO) sind weltweit 463 Millionen Menschen an Diabetes erkrankt (Stand 2019). Man unterscheidet bei Diabetes mellitus zwischen Typ 1 und Typ 2.

Diabetes mellitus Typ 1 kommt relativ selten vor. Bei dieser Form von Diabetes werden die Betazellen der Bauchspeicheldrüse (die Zellen, die Insulin herstellen) vom eigenen Immunsystem zerstört, wodurch ein Insulinmangel entsteht. Dadurch können die Zellen keine Glukose aufnehmen und „verhungern" quasi, obwohl theoretisch reichlich „Treibstoff" vorhanden ist. Der Blutzuckerspiegel ist hoch, doch kann die Glukose nicht in die Zellen geschleust werden, wo sie für die Energiegewinnung verwendet wird. Diese Krankheit wird in der Regel mit Insulininjektionen oder Medikamenten behandelt.

Die meisten Diabetiker sind an Diabetes mellitus Typ 2 erkrankt. Sie können Insulin zwar selbst über ihre Bauchspeicheldrüse herstellen, aber die Zellen reagieren nicht mehr richtig darauf, wodurch keine Glukose in das Zellinnere gelangen kann. Diesen Zustand beschreibt man als Insulinresistenz. Eine Insulinresistenz entwickelt sich über viele Jahre. Die Leber konvertiert mehr Blutzucker zu Fett (da die Zellen die Glukose nicht aufnehmen), weshalb die Triglyzeride im Blut ansteigen. Durch den Speichermodus der Fettzellen nimmt man insbesondere in der Körpermitte und im Inneren um die Organe zu. Der Blutdruck steigt an und das „gute" Cholesterin HDL sinkt. Diese Symptome sind auch als *metabolisches Syndrom* bekannt.

Insulinresistenz ist im Prinzip eine Kohlenhydratintoleranz. Am besten behandelt man diese, indem man die Kohlenhydratzufuhr limitiert, da ansonsten die aufgenommenen Kohlenhydrate in der Leber landen, wo sie in Fett umgewandelt werden. Bei einem gesunden Menschen ohne Diabetes-Erkrankung würden die überschüssigen Kohlenhydrate zunächst in den Muskeln zu Glykogen konvertiert werden, wo sie anschließend verbrannt werden könnten.

Volek und Phinney bringen es auf den Punkt: „Wenn man, um das metabolische Chaos einer insulinresistenten Person in den Griff zu kriegen, dieser mehr Kohlenhydrate gibt, ist das so, als ob man einen Hausbrand mit einem Flammenwerfer löschen würde."

Ich habe schon so oft von Diabetikern gehört: „Ich darf ja alles essen". Selbst die Deutsche Diabetes Gesellschaft (DDG) hat folgendes Statement bezüglich der Kohlenhydratzufuhr auf ihrer Internetpräsenz: „Generell gelten heute für Menschen mit Typ-2-Diabetes die gleichen Empfehlungen für eine vollwertige Kost wie für Menschen ohne Diabetes. Kurzum, Sie können fast alles essen, wenn Sie die Regeln für eine ausgewogene und genussvolle Ernährung beachten."

Doch wo ist da die Logik? Ein laktoseintoleranter Mensch meidet Milchprodukte, um die Beschwerden zu mindern. Menschen mit einer Glutenunverträglichkeit meiden glutenhaltige Produkte. Doch ein Diabetiker, der im Prinzip eine Kohlenhydratunverträglichkeit hat, soll keine Kohlenhydrate meiden?

Ich spreche diese Krankheit hier an, da sie inzwischen so viele Menschen auf der Welt betrifft – mit steigender Tendenz. Die WHO prognostiziert einen Anstieg auf über 600 Millionen Diabetiker innerhalb der nächsten Jahre.
In meiner Familie sind ebenfalls Menschen von dieser Krankheit betroffen.
Ich bin der Überzeugung, dass man mit besseren Ernährungsgewohnheiten (insbesondere einer niedrigen Kohlen-

hydratzufuhr) und mehr körperlicher Aktivität selbst viel gegen diese Krankheit tun kann, beziehungsweise so möglicherweise verhindern kann, selbst zu erkranken. Ich möchte die ketogene Ernährung natürlich nicht als Allheilmittel darstellen, zumal ich keine Ärztin bin. Ich berufe mich hier auf diverse Studien von Wissenschaftlern und Ernährungsexperten, die ich sehr schätze und die mir entsprechende Denkanstöße gegeben haben. Und es sind diese Erfahrungswerte und Erkenntnisse, die ich mit Dir teilen möchte. Bitte konsultiere aber für alle medizinischen Fragen stets einen Arzt.

Es gibt diverse Studien die belegen, dass eine ketogene Ernährung helfen kann, Diabetes mellitus Typ 2 besser zu kontrollieren und sogar zu bekämpfen. In einer Studie von Bruce Bistrian brauchten Probanden bereits nach sieben Tagen (!) kein Insulin mehr, dank einer sehr kohlenhydratarmen Ernährung. In einer weiteren Studie von Barry Gumbiner und Kollegen, erhielten zwei Gruppen täglich jeweils 650 Kalorien bei gleicher Eiweißzufuhr. Eine der beiden Gruppen nahm täglich bloß 24 g Kohlenhydrate zu sich, die andere Gruppe 94 g. Die Höhe der Gewichtsreduktion war in beiden Gruppen identisch, jedoch hatte die Gruppe mit der geringeren Kohlenhydratzufuhr einen deutlich niedrigeren Blutzucker- und einen höheren Ketonspiegel.

Ein kleiner Hinweis zur Vorsicht: Wenn durch die ketogene Ernährung die Menge an Kohlenhydraten reduziert wird, muss vermutlich die Dosis der Insulinmedikation verändert werden, um eine Unterzuckerung zu verhindern. Besprich das unbedingt im Vorfeld mit Deinem Arzt!

WAS IST KETOAZIDOSE? Des Öfteren werde ich gefragt, ob es nicht gefährlich sei, sich in Ketose zu befinden. Hierbei wird die ernährungsbedingte Ketose mit der diabetischen Ketoazidose verwechselt beziehungsweise gleichgestellt. Beiden haben mit der Produktion von Ketonkörpern zu tun. Ich möchte Dir kurz den Unterschied erklären.

Eine Ketoazidose tritt bei Diabetikern auf, insbesondere Typ-1. Bei einer Ketoazidose befindet sich eine große Menge Glukose im Blut. Die Zellen können sie allerdings nicht aufnehmen, da sie insulinresistent sind. Demnach steigt der Blutzuckerspiegel sehr stark an, was es den Nieren unmöglich macht die Glukose zu filtern und sie zu resorbieren. Dies führt dazu, dass der Glukosespiegel sehr hoch ist und die Glukose über den Urin ausgeschieden wird. Zusätzlich verringert sich der Flüssigkeitsanteil im Blut. Dadurch ist das Blutvolumen geringer, die Ansammlung von Ketonkörpern jedoch sehr hoch. Als Resultat steigt der Säuregehalt (PH-Wert) des Blutes, was dann zu einer Ketoazidose führt, welche eine sofortige ärztliche Behandlung erfordert.

Die ketogene Ernährung hingegen verläuft sehr kontrolliert und erreicht selbst bei einer höheren Konzentration von Ketonkörpern einen Wert von maximal 7 mmol/L. Bei einer Ketoazidose liegt dieser Wert zwischen 15 und 25 mmol/L.

KETOSE:

Ketonwert > 0,5 Millimol = mmol/L, kann bis 7 mmol/L gehen
Blutzucker zwischen 60–120 mg/dL, keine Veränderung im PH-Wert des Blutes

KETOAZIDOSE:

Ketonwert > 15-25 mmol/L
Blutzucker > 200 mg/dL
Säuregehalt im Blut steigt, der PH-Wert sinkt

PH-Wert: weniger als 7 = sauer, höher als 7 = basisch. Normwerte liegen zwischen 7,35–7,45

Keto und Sport

Als Fitnesstrainerin ist Sport ein Thema, das mir besonders am Herzen liegt. 23 Jahre lang war ich Eishockey-Torhüterin, seit über 20 Jahren trainiere ich in Fitnessstudios, seit mehr als zehn Jahren arbeite ich als Fitness- und Personal-Trainerin.
Daher war es von Anfang an wichtig für mich, dass die ketogene Ernährung und mein sportlich aktiver Lebensstil gut miteinander kombinierbar sind. Ich brauche viel Energie für meine Kunden und mein Krafttraining und guter Schlaf ist wichtig für die Regeneration. All das wurde durch Keto optimiert.

Allerdings wollen viele Sportlerinnen und Sportler nicht glauben, dass diese Ernährung für ihren Lifestyle geeignet ist. Sie ist in Bezug auf Leistungssport und ambitioniertes Krafttraining nach wie vor ein heiß diskutiertes Thema. Es wird oft behauptet, dass man viel Eiweiß und möglichst fettarm essen muss, um Muskeln aufzubauen. Und nicht zu vergessen die Kohlenhydrate für eine konstante Energiezufuhr! Ohne Kohlenhydrate kein Muskelwachstum, so der allgemeine „Expertentipp". Auch Ausdauersportler wie Marathonläufer oder Radrennfahrer schwören auf eine konstante Kohlenhydratzufuhr in Form von Gels, Bananen und entsprechenden Riegeln, um eine gleichmäßige Energiezufuhr zu gewährleisten. Doch besitzt der menschliche Körper eine viel größere Energiequelle, die für sportliche Belastungen hervorragend geeignet ist – das eigene Körperfett.

Wie bereits erwähnt beträgt die Menge an Glykogen die wir Menschen speichern können, zwischen 400 und 500 g. Dies entspricht ca. 1.600 bis 2.000 Kalorien. Unsere Fettspeicher hingegen sind nahezu unerschöpflich. Selbst die schlankesten Menschen haben Fettreserven von ca. 40.000 Kalorien die für reichlich Energie sorgen. Das bedeutet, dass der „Fett-Tank" deutlich größer und langanhaltender als der „Kohlenhydrat-Tank" ist. Sportler die sich nur auf Kohlenhydrate zur Energiegewinnung fokussieren, haben keine Möglichkeit sich aus dem schier unerschöpflichen Fett-Tank zu bedienen und ihre Rennen damit zu befeuern. Um diese Fettspeicher anzuzapfen, muss zunächst eine Anpassung an Fett als Hauptenergielieferant stattfinden, was natürlich eine gewisse Zeit braucht.

Dr. Stephen Phinney und seine Kollegen stellten in einer Studie fest, dass Radrennfahrer, die keto-adaptiert waren, eine deutlich höhere Fettverbrennung hatten als die nicht keto-adaptierte Vergleichsgruppe. Sie verbrannten durchschnittlich 1,5 g Fett pro Minute im Gegensatz zu den nur 0,5 g der Vergleichsgruppe.
Keto-adaptierte Athleten können Laktat schneller verarbeiten, was bei den Themen Erschöpfung und Ermüdung eine große Rolle spielt.

Ich höre unter Kraftsportlern immer wieder, dass sich der Körper bei der ketogenen Ernährung über die Glukoneogenese (die Umwandlung von Aminosäuren zu Glukose) seinen Brennstoff aus den Muskeln holt und somit Muskelmasse abbaut. Tatsächlich ist dies nicht der Fall, da Ketonkörper den Muskelproteinabbau hemmen. Die Ketose verbessert die Fähigkeit, Proteine zu verwerten, da der Körper für die Glukoneogenese keine Proteine mehr abbauen muss und stattdessen Ketone verwendet. Dadurch wird das uns zur Verfügung stehende Protein verschont. Wenn man sich in der Ketose befindet, wird demnach die Verwertung von BCAAs reduziert, was zu einer verbesserten Proteinsynthese und Muskelerhaltung führt.

Außerdem halten sich die Behauptungen hartnäckig, dass man als Kraftsportler mit der ketogenen Ernährung nicht so gut Muskeln und Kraft aufbauen könne, da man dafür Kohlenhydrate benötige. Bei Sportarten wie Bodybuilding oder andere bei denen Gewichtsklassen relevant sind, ist die ketogene Ernährung allerdings sogar von Vorteil, da sie zu einem Aufbau an Muskelmasse und einem Abbau an Fettmasse führt. Dr. Jacob Wilson und seine Kollegen gingen der Sache in einer Studie aus 2017 auf den Grund.
Sie teilten Kraftsportler in zwei Gruppen ein: eine Keto-Gruppe und eine Kohlenhydrat-Gruppe. Beide Gruppen aßen Lebensmittel mit derselben Anzahl an Kalorien und die gleiche Menge Eiweiß. Nur die Menge an Fett beziehungsweise an Kohlenhydraten variierte entsprechend. Nach zehn Wochen konnten beide Gruppen ihre Muskelmasse, Kraft und Power nahezu identisch erhöhen, jedoch verlor die Keto-Gruppe deutlich mehr Körperfett. 24 % im Gegensatz zu nur 13 % in der Kohlenhydrat-Gruppe. Die Studie stellte dadurch fest, dass man bei einer ketogenen Ernährungsweise ebenso gut Muskelmasse und Kraft aufbauen kann wie bei einer traditionell kohlenhydratreichen Ernährungsweise.
Alles, was es braucht, ist ausreichend Zeit für die Umstellung von Kohlenhydraten auf Fette und wenn man lang genug keto-adaptiert ist, hat man definitiv genug Energie und einen prima Muskelaufbau.

Über viele Jahre betreibe ich nun schon Kraftsport, doch erst seitdem ich mich ketogen ernähre habe ich es geschafft, entsprechend Körperfett abzubauen und die Muskeln sichtbarer zu machen. Mir gefallen ein wohl definierter Bizeps und muskulöse Schultern, deshalb habe ich mich umso mehr gefreut, nach ein paar Monaten endlich sichtbare Erfolge zu sehen. Alles ist straff und schlank geworden, so wie ich es mir immer gewünscht hatte. Gut, die Cellulite ist nicht ganz verschwunden, aber auch die trage ich inzwischen mit entsprechendem Selbstbewusstsein, da ich mich wohl in meinem Körper fühle.
Erstaunlich finde ich auch, dass ich nun auf komplett nüchternen Magen genug Energie und Power für mein Krafttraining habe. Vor meiner Keto-Zeit war es für mich unmöglich ein hartes Workout durchzuziehen, ohne im Vorfeld zumindest einen Eiweißshake getrunken zu haben. Diese Umstellung hat zwar eine Weile gedauert, aber sie war es allemal wert!

FETTVERBRENNUNG

Man darf bei allen Abnehmversuchen nie vergessen, dass die Genetik eine entscheidende Rolle spielt. Fitness ist in gewissem Maße tatsächlich angeboren. Durch Training kann man z. B. seine Ausdauer nur um maximal 10–20 % steigern.

Krafttraining allein hat keine sonderlich großen Auswirkungen auf den Fettabbau, wenn nicht auch die Ernährung entsprechend umgestellt wird. Eine Überlastung der Muskeln sorgt für einen anabolen (aufbauenden) Stimulus, der zu Muskelwachstum führt. Mehr Muskelmasse bedeutet mehr Gewebe das Blutzucker aufnehmen kann und mehr Mitochondrien, die diesen verbrennen. Das ist u. a. auch hilfreich im Kampf gegen Insulinresistenz und Diabetes.

Die Skelettmuskulatur liebt Fett als Energiequelle. Glukose verwendet sie nur, wenn der Blutzuckerspiegel zu hoch ist und die Glukose irgendwohin abtransportiert werden muss. Bei sportlicher Aktivität bis 60 % Anstrengung verwendet sie Fett. Erst über 60 % maximaler Anstrengung wird Glukose bzw. Glykogen verbrannt, was die Speicher optimal leert. Bei sehr hohen Belastungsintensitäten die von kurzer Dauer sind (z. B. High Intensity Interval Training = HIIT) wird die meiste Energie aus Laktat gewonnen. Das Laktat wird dann von der Leber zurück in Glukose umgewandelt und wieder zu den Muskeln geschickt. HIIT ist ideal, um besser in die Ketose zu gelangen und mehr Ketonkörper zu produzieren, da die Glykogenspeicher schneller geleert werden. Bewegung fördert die Fettverbrennung. Daher wird empfohlen, mindestens 10.000 Schritte am Tag zu gehen!

Jetzt wird gekocht!

Wie sind meine Rezepte entstanden? Ich habe viel Internetrecherche betrieben und eine Vielzahl an Keto-Rezepten ausprobiert. Häufig mochte ich die Konsistenz nicht und „bastelte“ dann eigenmächtig solange daran herum, bis ich zufrieden war. In einigen Fällen muss man sich von seinem gewohnten Gaumen verabschieden, sei es der typische Geschmack von Brötchen oder die Konsistenz von Blätterteig. Die Alternativen müssen aber nicht gleichzeitig ungenießbar sein!
Wenn Du unbedingt mal wieder Lust auf ein Brötchen hast, dann sind meine hellen Keto-Brötchen auf Seite 161 eine gute und befriedigende Option und bewahren Dich vor einem Nervenzusammenbruch beim Bäcker um die Ecke. Wir wollen ja standhaft bleiben in unseren schwachen Momenten!

Ich persönlich bin kein großer Fan von Kokosmehl, weshalb ich auch hier versucht habe, Alternativen zu finden. Die alten, gewohnten Sachen wirst Du dann hoffentlich nicht mehr so sehr vermissen.
Bis auf Brötchen und Blätterteig kann man tatsächlich die meisten Gerichte in eine Keto-Version umwandeln. Oh, außer Laugengebäck. Das geht leider auch nicht in Keto. Ich liebe Laugengebäck. Eine Gedenkminute für Laugengebäck, bitte …

Meine Rezepte sollen schnell und unkompliziert sein. Wenige Schritte, überschaubare Zutatenlisten und diverse Variationsmöglichkeiten sollen Dir den Weg in die Ketose so einfach wie möglich machen. Es gibt vegetarische Optionen, herzhafte und süße Varianten und sie sind (bis auf ein paar Ausnahmen) innerhalb von maximal einer halben Stunde zubereitet. Mir ist es wichtig, dass es so einfach und fix wie möglich geht. Niemand hat Lust stundenlang Sachen klein zu schnippeln und darauf zu warten, dass etwas fertig wird. Wenn ich Hunger habe, dann brauche ich sofort Nahrung, sonst werde ich „hangry“!
Außerdem sollte man die Zutaten nicht erst noch mühselig zusammenkaufen müssen. Maximal ein Gang zum Supermarkt, eine einzige Bestellung im Internet oder ein Besuch beim Asialaden für „spezielle“ Zutaten sollten ausreichen, um alles zu bekommen, was Du brauchst.
Ich möchte Dir vermitteln, dass Essen Freude und Genuss ist, genauso wie kochen und backen. Deshalb gebe ich Dir Rezepte an die Hand, die Dich inspirieren und dazu motivieren sollen, in der Küche aktiv zu werden. Wenn Du weißt was drin ist, und Du es selbst zubereitet hast, gibt Dir das einfach ein gutes Gefühl und Du kannst sicher gehen, dass alles natürlich und weitestgehend unverarbeitet ist.

Solltest Du Dich vegetarisch ernähren, findest Du alle Rezepte, die in einer vegetarischen Variante möglich sind, mit einem Stern markiert. Die ketogene Ernährung ist nämlich selbstverständlich auch in vegetarischer Form möglich!

Bei einer Laktoseintoleranz kannst Du viele Milchprodukte durch Kokosmilch, Ghee (geklärte Butter) oder Mandelmilch ersetzen. Nur mit der Sahne wird es leider schwierig. Hier könnte man bei süßen Gerichten auf Kokoscreme und Mascarpone zurückgreifen. Die ketogene Ernährung ist von Haus aus glutenfrei.

Jedes Rezept ist auf zwei Personen ausgelegt, außer es ist anderweitig gekennzeichnet. Die Nährwertangaben sind in der Regel für eine Portion berechnet, Abweichungen von dieser Regel sind dementsprechend vermerkt. Die angegebenen Nährwerte können natürlich leicht variieren, je nachdem welche Marke Du verwendest beziehungsweise je nachdem, wie genau Du die Zutaten kalkulierst und abwiegst. Manche Rezepte weisen einen höheren Eiweißgehalt auf. Hier sollte dann mit einer Fettquelle ausgeglichen werden. Der Ofenlachs auf Seite 108 beispielsweise, ist eine Eiweißquelle, die Du z. B. mit der Sauce Hollandaise auf Seite 135 „ausgleichen" kannst, so dass die Makronährstoffe wieder im ketogenen Gleichgewicht sind. Die Zucchininudeln auf Seite 122 haben generell sehr geringe Werte an Makronährstoffen, werden aber zu einem herrlichen Keto-Gericht durch die Carbonara-Sauce auf Seite 138. Diese Carbonara Sauce ist übrigens nach einem lieben Musikerfreund, Marco „Maki" Coti Zelati, Bassist der italienischen Metalband „Lacuna Coil", benannt, der mir sein original italienisches Familienrezept anvertraut hat.

WELCHE MEHLE KANN ICH ZUM BACKEN VERWENDEN?

Die Mehle, die sich am besten zum Backen eignen, sind Mandelmehl, Kokosmehl, Sesammehl, Leinsamenmehl, Erdnussmehl, Haselnussmehl, Hanfsamenmehl und Flohsamenschalen. Ich verwende häufig auch gemahlene Mandeln, Kokosraspeln oder Haselnusskerne aus der Backabteilung. Nussbutter (Erdnuss- oder Mandelbutter) oder Tahini (Sesampaste) eignen sich ebenfalls gut zum Backen, genauso wie Whey-Eiweißpulver. Als Backtriebmittel sind Reinweinstein und Natron am besten geeignet.

WELCHE SÜSSUNGSMITTEL SIND DIE BESTEN?

Generell gilt: Finger weg von allen Zuckerfallen wie Maltodextrin, Dextrose, braunem und weißem Zucker, Frucht- und Milchzucker, Honig, Agavendicksaft, Kokosblütenzucker, Reissirup, Maissirup und Malz.

Keinen Einfluss auf den Blutzuckerspiegel haben Zuckeralkohole wie z. B. Erythrit, künstliche Süßstoffe wie Aspartam und Sucralose (nur in Maßen verwenden) und natürliche Süßstoffe wie Stevia und Mönchsfrucht, die die besten Zuckeralternativen sind. Diese Zuckeralternativen haben keine Kalorien und belasten, als netter Nebeneffekt, auch die Zahngesundheit nicht. Vorsicht bei Xylit, Maltitol und Isomalt. Diese können den Blutzuckerspiegel ansteigen lassen und zu Verdauungsproblemen wie z. B. Durchfall führen. Generell sollten alle Zuckerersatzstoffe nur in kleinen Mengen verwendet werden, da auch sie zu Verdauungsproblemen führen können.

Erythrit: Wird durch die Fermentierung von Pilzen chemisch gewonnen. Hat nur ca. 80 % Süßkraft im Gegensatz zu herkömmlichem Haushaltszucker. Kann für Desserts, im Kaffee oder in Backwaren verwendet werden. Bei Backwaren hinterlässt Erythrit ein leicht kühles Gefühl im Abgang.

Stevia: Wird aus einer südamerikanischen Pflanze und durch einen chemischen Prozess gewonnen. Es hat eine 300-fach höhere Süßkraft als Zucker (1 g Stevia hat die Intensität von 300 g Zucker), deshalb sollte es nur sehr sparsam verwendet werden.

Sucralose: Auch Splenda genannt. Wird aus Kristallzucker synthetisiert. Die Süßkraft ist das 600-fache von Zucker. Kein bitterer Beigeschmack. Kann zum Kochen und Backen verwendet werden. Wird gern in zuckerfreiem Sirup oder Tasty Drops (Aromatropfen) verwendet.

Aspartam: Künstlich hergestellter Zuckerersatz mit der 200-fachen Süßkraft von Zucker. Wird häufig in Light-Getränken verwendet.

WO BEKOMME ICH DIE SPEZIELLEN PRODUKTE FÜR DIE REZEPTE?

Jetzt hast Du die Liste mit den Keto-Lebensmitteln studiert und fragst Dich, wo Du sie herbekommst? Die meisten „speziellen" Produkte bekommst Du im Drogeriemarkt, Asialaden, Naturkostladen oder im Internet.

WELCHE PRODUKTE SOLLTE ICH IMMER IM HAUS HABEN?

Ich habe Dir eine Liste mit Dingen erstellt, die Du immer im Haus haben solltest, um leckere und schnelle Keto-Mahlzeiten zuzubereiten, auch wenn Du z. B. mal keine Zeit zum Vorkochen und Planen hast. Hast Du diese Sachen, dann sollten die Rezepte schnell und leicht zuzubereiten sein.

AUS DER TIEFKÜHLTRUHE:

- ✔ selbstgemachter Fond/Brühe (Rezept Seite 142)
- ✔ tiefgekühlter Fisch (Wildlachs, Kabeljau, Alaska Seelachs, Garnelen aus Wildfang)
- ✔ Tiefkühlgemüse (grüne Prinzessbohnen, Brokkoliröschen, Blumenkohlröschen, Rosenkohl, Spinat)
- ✔ Tiefkühlkräuter

AUS DEM KÜHLSCHRANK:

- ✔ Butter
- ✔ Chilisauce
- ✔ Crème fraîche
- ✔ Dijonsenf
- ✔ Eier (Freilandhaltung oder Bio-Qualität)
- ✔ Frischkäse und Mascarpone
- ✔ geriebener Parmesan
- ✔ griechischer Joghurt
- ✔ Käse (Camembert, Brie, Manchego, Parmesan, Gruyere, Mozzarella, Feta)
- ✔ Reibekäse zum Überbacken (Emmentaler, Gouda, Mozzarella, Cheddar)
- ✔ Sambal Oelek
- ✔ Schlagsahne (mindestens 30 %)
- ✔ Schmalz
- ✔ Sojasauce
- ✔ Speisequark 40 %
- ✔ Zitronen- und/oder Limettensaft

AUS DER DOSE/DER TUBE/DEM GLAS:

- ✔ Makrelen
- ✔ passierte Tomaten
- ✔ Thunfisch in Olivenöl
- ✔ Tomatenmark

IM VORRATSREGAL:

- ✔ Apfelessig
- ✔ Aromatropfen (ich empfehle Tasty Drops von GymQueen)
- ✔ Avocadoöl
- ✔ Chiasamen
- ✔ dunkle Schokolade (mindestens 80 % Kakaogehalt)
- ✔ Erdnuss- und/oder Mandelbutter
- ✔ Erythrit
- ✔ Essig
- ✔ Espressopulver
- ✔ Flohsamenschalen
- ✔ gemahlene Haselnusskerne
- ✔ gemahlene Mandeln
- ✔ Gewürze (Himalaya-Salz, schwarzer Pfeffer, Oregano, Curry, Kurkuma, Paprika edelsüß, Zimt, Muskatnuss, Knoblauch, Zwiebeln, Chiliflocken)
- ✔ Johannisbrotkernmehl
- ✔ Kaffee und Tee
- ✔ Kaiser-Natron
- ✔ Knoblauch
- ✔ Kokosmilch
- ✔ Kokosöl
- ✔ Kürbis- und/oder Sonnenblumenkerne, Sesamkerne
- ✔ Leinsamen geschrotet
- ✔ Mandel- und/oder Kokosmehl
- ✔ Olivenöl
- ✔ Reinweinstein
- ✔ Rotweinessig
- ✔ Sesamöl
- ✔ Tahini (Sesampaste)
- ✔ Vanillearoma
- ✔ Whey-Proteinpulver, Geschmack neutral
- ✔ Zwiebeln

DURCH WELCHE REZEPTE KANN ICH TRADITIONELLE BEILAGEN UND KÜCHENKLASSIKER ERSETZEN?

Wir alle kennen es: man hat auf einmal Gelüste nach etwas Salzigem, Herzhaftem oder Süßem. Bei der ketogenen Ernährung verschwindet dieser Heißhunger in der Regel, doch ab und zu ist man ja auch nur ein Mensch und möchte mal wieder etwas chipsähnliches knabbern oder ein Stück Pizza essen.

ANSTATT	MACH DAS
BRATKARTOFFELN	RADIESCHEN-BRATKARTOFFELN (REZEPT AUF SEITE 130)
BROT	KETO-WEISSBROT (REZEPT AUF SEITE 166), RUSTIKALES KETOBROT (REZEPT AUF SEITE 172)
BRÖTCHEN	WÖLKCHENBROT (REZEPT AUF SEITE 177), HELLE KETOBRÖTCHEN (REZEPT AUF SEITE 160), SALATBLÄTTER ODER RIESENCHAMPIGNONS
CHIPS	PARMESAN-CHIPS* ODER SCHWEINEKRUSTEN
EISCREME	VANILLEEIS (REZEPT AUF SEITE 150)
FRENCH TOAST	KETO-FRENCH TOAST (REZEPT AUF SEITE 70)
KARTOFFELGRATIN	KOHLRABIGRATIN (REZEPT AUF SEITE 129)
KARTOFFELPÜRREE	SELLERIEPÜREE (REZEPT AUF SEITE 127)
KEKSE	ERDNUSSKEKSE (REZEPT AUF SEITE 158)
KNOBLAUCHBROT	KÄSE-KNOBLAUCHBROT (REZEPT AUF SEITE 164)
LASAGNEBLÄTTER	DÜNNE ZUCCHINI ODER AUBERGINENSCHEIBEN
NUDELN	ZUCCHININUDELN (REZEPT AUF SEITE 122) ODER KONJAKNUDELN
PIZZABODEN	KETO-PIZZA (REZEPT AUF SEITE 96)
POMMES	KOHLRABI-POMMES (REZEPT AUF SEITE 128)
REIS	BLUMENKOHLREIS (REZEPT AUF SEITE 126)
TACOS	KÄSE-TACOS (WIE PARMESAN-CHIPS, NUR IN GROSS)
TORTILLA WRAP	SALATBLÄTTER
WAFFELN	KETO-WAFFELN (REZEPT AUF SEITE 80)

TIPP:

**Cheese Pops kann man kaufen, man kann sie aber auch ganz leicht selber machen. Dazu einfach auf ein mit Backpapier ausgelegtes Backblech ein paar Häufchen (jeweils ca. 1 TL) geriebenen Parmesan mit etwas Abstand verteilen (denn er zerläuft noch), 10–15 Minuten backen, abkühlen lassen, fertig.*

Frühstück!

hext TaTToo

Blaubeer-Pfannkuchen!*

4 Stück für 2 Portionen

Vorbereitungszeit: 5 Minuten / Kochzeit: 10 Minuten

ZUTATEN

150 g Frischkäse

2 Eier

30 g Eiweißpulver natur (z. B. Protein 96 von Frey Nutrition)

½ TL Reinweinstein-Backpulver

4 Tropfen Butterkeks- oder Vanille-Aroma (z. B. Tasty Drops von GymQueen)

60 g Blaubeeren

2 EL Butter zum Braten

ZUBEREITUNG

1. Alle Zutaten, bis auf die Blaubeeren und die Butter, in einen Mixer geben und gut verrühren.
2. Die Butter in einer großen Pfanne auf mittlerer Hitze erhitzen.
3. Vier gleichmäßige Häufchen in die Pfanne geben, ein paar Blaubeeren in den Teig setzen und pro Seite ca. 2–3 Minuten goldbraun braten. Vorsichtig wenden.
4. Auf zwei Tellern anrichten und mit den restlichen Blaubeeren garnieren.

pro Pfannkuchen

F	EW	KH	N-KH	kcal
13 g	13 g	3 g	3 g	183

Eier muffins!*

6 Stück für 2 Portionen

Vorbereitungszeit: 10 Minuten / Backzeit: 20 Minuten / Abkühlzeit: 5–10 Minuten

ZUTATEN

3 Eier

80 g Frischkäse

1 Prise Salz

1 TL Oregano

½ TL Natron

50 g geriebener Cheddar

Gemüse nach Wahl, z. B. Champignons, Paprika, Zwiebeln, Frühlingszwiebeln

TIPP: Im Kühlschrank halten sie sich 2 Tage und können auch gut kalt mitgenommen werden.

ZUBEREITUNG

1. Den Ofen auf 180 °C Umluft vorheizen.
2. Die Eier, den Frischkäse, das Salz, den Oregano und das Natron mit einem Handmixer oder Quirl in einer Schüssel gut vermengen oder in einer Küchenmaschine mixen.
3. Sechs Silikonförmchen auf ein mit Backpapier ausgelegtes Backblech geben. Papierförmchen sind leider ungeeignet, da die Muffins matschig werden und durchnässen.
4. Die Gemüse in kleine Stücke schneiden und gleichmäßig in die Förmchen verteilen, bis sie zu zwei Dritteln gefüllt sind.
5. Zwei Drittel des geriebenen Cheddars über dem Gemüse verteilen und im Anschluss die Eimischung in die Förmchen geben, bis diese fast randvoll sind.
6. Den restlichen Käse darüber streuen und die Muffins im Ofen auf der obersten Schiene 20 Minuten bei 180 °C backen. Vor dem Verzehr die Muffins in den Förmchen 5–10 Minuten auskühlen lassen.

VARIANTE

Für eine nicht-vegetarische Version können auch noch Speckwürfel (vorher anbraten) oder Schinkenstückchen hinzugegeben werden. Optional kann man die Eiermuffins auch in einer süßen Version machen, indem man statt des Oreganos 1 EL Erythrit hinzufügt, evtl. noch etwas Zimt oder Vanille-Aroma beigibt und z. B. Himbeeren oder Blaubeeren statt des Gemüses verwendet.

pro Muffin

F	EW	KH	N-KH	kcal
9 g	7 g	1 g	1 g	117

French Toast!*

4 Scheiben für 2 Portionen

Vorbereitungszeit: 5 Minuten / Kochzeit: 5 Minuten

ZUTATEN

1 EL Erythrit

2 Eier

1 EL flüssige Schlagsahne

1 EL Wasser

½ TL Zimt

1 Prise Salz

3 Tropfen Vanille-Aroma (z. B. Tasty Drops von GymQueen)

4 Scheiben Keto-Weißbrot

2 EL Butter zum Braten

ZUBEREITUNG

1. Damit es eine puderzuckerartige Konsistenz erhält, wird das Erythrit in einem kleinen Mixer oder mit einem Mörser zermahlen.
2. Die beiden Eier, die Sahne, das Wasser, den Zimt, das Salz und das Vanille-Aroma zu dem Erythrit-Pulver in den Mixer geben und miteinander vermengen. Die Mischung in einen tiefen Teller geben.
3. Die Butter in einer großen Pfanne erhitzen.
4. Zwei Keto-Weißbrot-Scheiben von beiden Seiten in die Eimischung tunken und dann in die heiße Pfanne geben. Beide Seiten goldbraun backen.
5. Auf einem Teller servieren und nach Belieben z. B. mit Erythrit und Zimt bestreuen. Es können auch frische Beeren, eine Beeren-Sauce, zuckerfreier Sirup und Nüsse darauf gegeben werden.

pro Scheibe

F	EW	KH	N-KH	kcal
15 g	21 g	1 g	0 g	233

Im Folgenden habe ich Dir Rezepte für drei verschiedene Frühstücksteller aufgeschrieben. Natürlich kannst du die einzelnen Bestandteile letztendlich so zusammensetzen, wie du es gern hast, so haben wir es auch bei unserem Fotoshooting gehalten. Denk aber daran, dass die Nährwerte, die ich Dir ausgerechnet habe, dann nicht mehr stimmen!

Frühstücksteller mit Speck und Spiegelei!

1 Portion

Zubereitungszeit: 15 Minuten

ZUTATEN

1 ½ EL Butter

3–4 Scheiben Frühstücksspeck (ca. 55–70 g)

2 Eier

40 g Käse (z. B. Camembert)

30 g Tomaten

1 Prise Salz

ZUBEREITUNG

1. In einer Pfanne 1 EL Butter erhitzen und die Eier darin abraten.
2. In einer zweiten Pfanne zeitgleich den Speck in der restlichen Butter anbraten.
3. Den Käse schneiden, die Tomaten waschen und alles auf einem Teller anrichten. Die Eier abschließend salzen.

F	EW	KH	N-KH	kcal
48 g	33 g	2 g	2 g	568

Frühstücksteller mit Lachs, Avocado und Spiegelei!

1 Portion

Zubereitungszeit: 10 Minuten

ZUTATEN

1 EL Butter zum Braten

1 Ei

60 g Avocado

1 Prise Salz

60 g Räucher- oder Wildlachs

30 g Tomaten

ZUBEREITUNG

1. Die Butter in der Pfanne erhitzen und das Ei zum Spiegelei darin anbraten.
2. Während das Ei brät, die Avocado halbieren, den Kern entfernen und mit einem Messer Längsstreifen einritzen. Mit einem Esslöffel das Fruchtfleisch herausheben und die Avocadoscheiben auf einem Teller anrichten. Etwas Salz darüber streuen.
3. Den Lachs in mundgerechte Stücke schneiden und zusammen mit den gewaschenen Tomaten ebenfalls auf dem Teller anrichten.
4. Das Ei auf den Teller geben, etwas salzen und die restliche Butter über die Avocado träufeln.

F	EW	KH	N-KH	kcal
25 g	22 g	2 g	0 g	316

Frühstücksteller mit Feta, Gurken und Käse!*

1 Portion

Zubereitungszeit: 15 Minuten

ZUTATEN

1 ½ EL Butter zum Braten

2 Eier

30 g Feta

1 Prise Salz

Kräuter nach Belieben

2–3 Snackgurken (100 g)

1 TL Olivenöl

30 g Käsewürfel

50 g Himbeeren

ZUBEREITUNG

1. Die Butter in einer Pfanne erhitzen und die Eier in einer Tasse verquirlen.
2. Das Ei anschließend in die Pfanne geben und den Feta, eine Prise Salz und ein paar Kräuter hinzufügen. Regelmäßig wenden, bis alles gebräunt und der Feta leicht geschmolzen ist.
3. In der Zwischenzeit die Gurken schneiden mit Olivenöl beträufeln und etwas salzen. Mit den Käsewürfeln und den Himbeeren auf einem Teller anrichten und das Rührei dazu servieren.

F	EW	KH	N-KH	kcal
37 g	30 g	6 g	5 g	478

Granola!*

Portionsgröße 20 EL

Vorbereitungszeit: 10 Minuten / Kochzeit: 20 Minuten

ZUTATEN

2 EL Kokosöl

100 g gehackte Paranüsse

100 g Mandelstifte oder gehackte Mandeln

50 g Sonnenblumenkerne

50 g geschrotete Leinsamen

30 g Sesam

1 EL ungesüßtes Kakaopulver, schwach entölt

20 g Kakaonibs

1 Prise Salz

ZUBEREITUNG

1. Das Kokosöl bei mittlerer Hitze in einer großen Pfanne schmelzen.
2. Zunächst die Paranüsse und die Mandeln ca. 5 Minuten in der Pfanne rösten. Dann die Sonnenblumenkerne, die Leinsamen und den Sesam hinzugeben und alles unter ständigem Rühren (brennt sonst schnell an) weitere 10 Minuten goldbraun rösten.
3. In eine Schüssel geben und ein paar Minuten abkühlen lassen. Das Kakaopulver, die Kakaonibs und das Salz gut mit der Granola-Mischung vermengen.
4. Vollständig auskühlen lassen und in ein luftdichtes Gefäß (z. B. Weckglas) geben. Hält sich bis zu vier Wochen.

VARIANTE

Es können für die Mischung auch Macadamia- und Pekannüsse oder Kürbiskerne verwendet werden.

pro EL

F	EW	KH	N-KH	kcal
10 g	4 g	1 g	0 g	118

Joghurt mit Granola und Beeren!*

1 Portion

Zubereitungszeit: 5 Minuten

ZUTATEN

200 g griechischer oder türkischer Joghurt (10 % Fettgehalt)

5 Tropfen Käsekuchen- oder Vanille-Aroma (z. B. Tasty Drops von GymQueen)

2 EL Kokosöl

2 EL Granola (Rezept Seite 76)

60 g Beerenobst nach Wahl

ZUBEREITUNG

1. Den Joghurt in eine Schale geben. Die Aromatropfen und das Kokosöl hinzufügen und gut vermengen.
2. Das Granola hinzugeben und alles nochmals gut umrühren.
3. Zuletzt die Beeren nach Wahl auf den Joghurt geben.

Zuzüglich der Beeren (60 g):

	KH	N-KH	KCAL
ERDBEEREN	3	2	19
HIMBEEREN	4	4	23
HEIDELBEEREN	4	1	25
BROMBEEREN	5	1	28

F 56 g | EW 18 g | KH 10 g | N-KH 8 g | kcal 630

Keto-Waffeln!*

6 Waffeln

Vorbereitungszeit: 15 Minuten / Zubereitungszeit: 15 Minuten

ZUTATEN

125 g geschmolzene Butter

5 Eier

50 g Kokosmehl

50 g Erythrit

½ TL Natron

½ TL Reinweinstein-Backpulver

30 ml Sahne

5 Tropfen Vanille- oder Butterkeks-Aroma (z. B. Tasty Drops von GymQueen)

etwas Butter zum Einfetten des Waffeleisens

ZUBEREITUNG

1. Zunächst die 125 g Butter in der Mikrowelle schmelzen und etwas abkühlen lassen.
2. Die Eier trennen.
3. Die Eigelbe zusammen mit dem Kokosmehl, dem Erythrit, dem Natron und dem Reinweinstein in einer Schüssel gut vermischen (mittels Mixer, Küchenmaschine oder Quirl). Anschließend langsam die geschmolzene Butter unterrühren. Die Sahne und das Aroma untermischen und alles gut verrühren.
4. Das Eiweiß steif schlagen bis es Spitzen zieht und unter die Eigelb-Mischung heben, so dass alles schön fluffig bleibt.
5. Das aufgeheizte Waffeleisen mit etwas Butter einfetten und jeweils 1–1 ½ EL Teig pro Waffel hineingeben (nicht zu viel, sonst läuft es an den Seiten raus) und fertig backen. Hierzu passt perfekt etwas Beerenobst oder eine Mischung aus Erythrit und Zimt zum Drüberstreuen.

pro Waffel

F	EW	KH	N-KH	kcal
11 g	9 g	2 g	0 g	146

Zildjian
SOUND EFFECTS
Zildjian

Thunfisch-Käse-Omelette!

1 Portion

Vorbereitungszeit: 3 Minuten / Kochzeit: 6–8 Minuten / Abkühlzeit: 2 Minuten

ZUTATEN

3 Eier

1 Prise Salz

1 Dose Thunfisch in Olivenöl (80 g)

50 g geriebener Cheddarkäse oder Cheddarwürfel

VARIANTE

Statt des Thunfischs kann auch Salami oder Schinken verwendet werden. Zu einer vegetarischen Version wird das Omelett, wenn man kleingeschnittenes Gemüse (z. B. Paprika, Tomaten, Champignons) verwendet. Statt des Cheddarkäses eignen sich z. B. auch Mozzarella oder Feta. Frische Kräuter geben dem Omelett noch einmal einen ganz besonderen Geschmackskick.

ZUBEREITUNG

1. Die Eier in einer Tasse oder Schüssel gut verquirlen und eine Prise Salz zum Würzen hinzugeben. Zum Vermengen verwende ich einen Shaker, dann werden sie besonders fluffig.
2. Das Olivenöl aus der Thunfischdose in eine Pfanne abgießen und bei mittlerer Hitze erhitzen.
3. Das Ei in die Pfanne geben und etwas stocken lassen.
4. Mit einer Gabel den Thunfisch aus der Dose auf einer Hälfte des Omeletts verteilen. Dann den Cheddarkäse darübergeben.
5. Die leere Hälfte des Omeletts mit einem Pfannenwender auf die bedeckte Hälfte klappen und 1–2 Minuten braten.
6. Vorsichtig mit einem großen Pfannenwender wenden und nochmals 1–2 Minuten braten.
7. Auf einem Teller servieren und vor dem Anschneiden noch 2 Minuten ruhen lassen, damit sich die Thunfisch-Käse-Mischung im Inneren des Omeletts festigt und nicht auseinanderläuft.

F	EW	KH	N-KH	kcal
23 g	29 g	1 g	1 g	325

Haupt-gerichte!

Avocado-Suppe!*

2 Portionen

Vorbereitungszeit: 10 Minuten / Kochzeit: 10 Minuten

ZUTATEN

1 mittelgroße weiße Zwiebel

3 Knoblauchzehen

2 EL Olivenöl

1 reife Avocado

500 ml Gemüsebrühe

2 EL Limettensaft

1 TL Chilisauce nach Wahl

1 Prise Salz und Pfeffer

optional ein paar Petersilien- oder Korianderblätter zur Dekoration

TIPP:

Als proteinreiche Komponente eignen sich Jakobsmuscheln oder Garnelen als Zugabe hervorragend.

ZUBEREITUNG

1. Die Zwiebel würfeln und die Knoblauchzehen in Scheiben schneiden.
2. Das Olivenöl in einer Pfanne auf mittlerer Hitze erhitzen und die Zwiebeln und den Knoblauch darin schwenken, bis der Knoblauch leicht gebräunt ist und die Zwiebeln glasig sind. Anschließend in einen Standmixer geben.
3. Die Avocado aufschneiden, den Kern entfernen und das Fruchtfleisch zu den Zwiebeln und dem Knoblauch in den Standmixer geben. Dann die Brühe anrühren, hinzugießen und alles gut mixen, bis eine sämige Konsistenz entsteht. Alles in einen Kochtopf geben.
4. Die Suppe auf mittlerer Hitze erhitzen, den Limettensaft und die Chilisauce hinzugeben und mit Salz und Pfeffer würzen. Ca. 5 Minuten köcheln lassen.
5. Falls kein Standmixer vorhanden ist, kann auch alles im Topf mit einem Pürierstab püriert werden.

F	EW	KH	N-KH	kcal
43 g	3,5 g	4,5 g	0 g	424

Bauernsalat!*

1 Portion

Zubereitungszeit: 10 Minuten

ZUTATEN

1 kleine rote Zwiebel

200 g Tomaten

100 g Gurke

80 g Fetakäse

40 g schwarze Oliven entsteint

1 EL frischer oder tiefgefrorener Dill

Als Dressing passt hierzu wunderbar „Dees Vinaigrette“ von Seite 134.

ZUBEREITUNG

1. Die Zwiebel halbieren und in dünne Scheiben oder Stücke schneiden.
2. In einer Salatschüssel „Dees Vinaigrette“ anrühren.
3. Die Tomaten und die Gurke in Scheiben, Stücke oder Spalten schneiden und in die Salatschüssel mit der Vinaigrette geben.
4. Den Fetakäse auf einem Küchentuch trockentupfen. Über den Tomaten zerbröseln oder in kleine Würfel schneiden und dazugeben.
5. Die Zwiebeln, die Oliven und den Dill hinzugeben und alles gut miteinander verrühren.

TIPP:

Die Portion bezieht sich auf eine Beilagengröße. Soll der Salat zum Hauptgericht werden, dann einfach die Menge verdoppeln.

F	EW	KH	N-KH	kcal
34 g	16 g	16 g	12 g	428

Blumenkohl-Curry!*

2 Portionen

Vorbereitungszeit: 5 Minuten / Kochzeit: 20 Minuten

ZUTATEN

450 g Blumenkohl

1 weiße Zwiebel

2 Knoblauchzehen

3 EL Kokosöl

3 EL geröstetes Sesamöl

3 TL Garam Masala

3 TL Kurkuma

3 TL Paprika edelsüß

3 TL Ingwerpulver

1 TL ganzer Kümmel

2 TL geriebener Ingwer

150 ml Kokosmilch

150 g geschälte oder stückige Tomaten aus der Dose

2 EL Mandelstifte

½ TL Salz

ZUBEREITUNG

1. Die Blumenkohlröschen vom Strunk trennen und in kochendem, gesalzenem Wasser 6 Minuten garen.
2. Während der Blumenkohl kocht, die Zwiebel in kleine Würfel schneiden und die Knoblauchzehen klein hacken. Alles in 1 EL Kokosöl und 1 EL Sesamöl anbraten.
3. Das Garam Masala, das Kurkuma, das Paprika- und Ingwerpulver und den Kümmel zu den Zwiebeln und dem Knoblauch geben und mit anrösten. Stetig umrühren. Anschließend den Ingwer mit in die Pfanne geben.
4. Den Blumenkohl abgießen. Das restliche Kokos- und Sesamöl in die Pfanne geben, den Blumenkohl hinzugeben und nochmals alles gut miteinander vermengen.
5. Die Kokosmilch und die stückigen Tomaten beigeben und alles gut verrühren. 5 Minuten köcheln lassen und anschließend mit etwas Salz abschmecken.
6. Während das Curry köchelt, die Mandelstifte in einer kleinen Pfanne ohne Öl anrösten. Das Curry in tiefe Teller füllen und mit den Mandelstiften garnieren. Es kann auch noch frischer Koriander darüber gegeben werden.

VARIANTE

Für eine nicht-vegetarische Version ca. 200 g Hühnchen in mundgerechte Stücke schneiden und in einer separaten Pfanne in je 1 EL Kokos- und Sesamöl anbraten, bis das Fleisch schön gebräunt ist. Die Menge des Blumenkohls kann dann auf 300 g reduziert werden. Das Hühnchen wird dem Blumenkohlcurry in Schritt 5 hinzugefügt.

F	EW	KH	N-KH	kcal
54 g	10 g	13 g	9 g	597

Caesar's Salad!

2 Portionen

Vorbereitungszeit: 15 Minuten / Brat-/Grillzeit: 10 Minuten

ZUTATEN

250 g grüner Salat (z. B. Romana-Salatherzen)

50 g gehackte Walnüsse

50 g Speckwürfel

350 g Hühnchen-Innenfilets

2 ½ EL Olivenöl

½ TL italienische Gewürzmischung

½ TL Pfeffer

1 Prise Salz

2 EL gehobelter Parmesan

„Caesar-Dressing“, siehe Rezept Seite 134

VARIANTE

Für eine vegetarische Variante einfach Bacon und Hühnchen weglassen und z. B. Kirschtomaten, Champignons oder rote Paprikastreifen hinzufügen. Beim Caesar-Dressing die Sardellenfilets weglassen.

ZUBEREITUNG

1. Den Salat kalt waschen und trocknen. In Streifen bzw. mundgerechte Stücke schneiden und in eine große Schüssel geben.

2. Die Walnüsse klein hacken oder mit den Fingern grob zerbrechen.

3. Die Speckwürfel in einer kleinen Pfanne in ½ TL Olivenöl anbraten, bis sie knusprig sind. Auf einem Papiertuch abtropfen lassen.

4. Das Hühnchen kalt abwaschen und trockentupfen.

   a) Zubereitung auf dem Grill: Den Grill auf 200 °C vorheizen. 2 EL Olivenöl, die italienische Gewürzmischung, den Pfeffer und das Salz in einen großen Gefrierbeutel geben und gut durchschwenken. Das Hühnchen hinzugeben und alles gut durchmischen, bis die Innenfilets vollständig mit der Gewürz-Öl-Mischung bedeckt sind. Auf dem Grill, wenn möglich zugedeckt, 10 Minuten grillen (5 Minuten pro Seite).

   b) Zubereitung in der Pfanne: 2 EL Olivenöl bei mittlerer Hitze erhitzen. Das Hühnchen von allen Seiten darin leicht bräunen und anschließend mit der Gewürzmischung, dem Pfeffer und dem Salz würzen. So lange braten, bis alles gebräunt und gut durchgegart ist (ca. 5 Minuten pro Seite).

5. Das Dressing über den Salat geben und diesen anschließend auf zwei große Teller verteilen. Die Walnüsse, die Speckwürfel und den Parmesan als Topping darübergeben.
   Zuletzt die Innenfilets darauf anrichten.

	F	EW	KH	N-KH	kcal
Salat und Hühnchen pro Portion	46 g	53 g	4 g	1 g	647
Dressing pro Portion	25 g	2 g	2 g	2 g	246

Cheeseburger-Auflauf!

3 Portionen

Vorbereitungszeit: 15 Minuten / Backzeit: 25–30 Minuten / Abkühlzeit: 5–10 Minuten

ZUTATEN

1 weiße Zwiebel

350 g Bio-Hackfleisch, gemischt

250 g Mascarpone

1 Ei

1 EL Dijon-Senf

2 EL Tomatenmark

1 Prise Salz und Pfeffer

2 EL grüne Jalapeño, in Scheiben

2 EL eingelegte Gurkenscheiben

150 g geriebener Cheddarkäse

ZUBEREITUNG

1. Den Ofen auf 200 °C Umluft vorheizen.
2. Die Zwiebel in kleine Stücke schneiden.
3. Das Hackfleisch und die Zwiebeln gleichzeitig in eine Pfanne geben und anbraten. Hier wird kein extra Fett zum Braten benötigt, da das Hackfleisch genug Fett enthält.
4. In einer Schüssel den Mascarpone, das Ei, den Senf, das Tomatenmark, Salz und etwas Pfeffer gut vermengen.
5. Die Jalapeños und die Gurken abtropfen und trockentupfen. Zum Hackfleisch in die Pfanne geben und ca. ein Drittel des Cheddarkäses untermengen.
6. Alles miteinander verrühren und in eine Auflaufform geben. Nun die Hackfleischmasse mit der Mascarponemischung übergießen und abschließend alles mit dem restlichen Cheddarkäse bestreuen.
7. Im Ofen ca. 25–30 Minuten auf mittlerer Schiene backen, bis der Käse schön goldbraun ist. Aus dem Ofen nehmen und mindestens 5–10 Minuten vor dem Servieren ruhen lassen.

pro Portion

F	EW	KH	N-KH	kcal
70 g	43 g	12 g	10,5 g	855

Fathead-Pizza!*

2 Portionen bzw. 6 Stücke

Vorbereitungszeit: 10 Minuten / Backzeit: 12–15 Minuten + 5 Minuten

ZUTATEN

PIZZABODEN

100 g geriebener Mozzarella

100 g geriebener Parmesan

50 g Frischkäse

1 Ei

40 g gemahlener Sesam

1 Prise Salz

1 TL Oregano

½ TL Knoblauchpulver

ZUTATEN BELAG

125 g Mozzarellakugel

1 Tomate

ein paar frische Basilikumblätter

ZUBEREITUNG

1. Backofen auf 200 °C Umluft vorheizen.
2. Für den Pizzaboden den Mozzarella-, den Parmesan- und den Frischkäse in der Mikrowelle schmelzen (30–60 Sekunden). Herausnehmen, umrühren und nochmals 30 Sekunden erwärmen.
3. Das Ei hinzugeben und erneut verrühren. Anschließend den gemahlenen Sesam sowie die Gewürze hinzugeben.
4. Die Teigzutaten mit den Händen gut verkneten, auf ein mit Backpapier ausgelegtes Backblech geben und in die gewünschte Form bringen. Alternativ ein weiteres Backpapier auf die Masse geben und alles mit einem Nudelholz ausrollen.
5. Mit einer Gabel mehrmals einstechen und 12–15 Minuten backen.
6. Aus dem Ofen nehmen und mit dem gewünschten Belag belegen. In dieser Version habe ich Mozzarella und Tomaten gewählt, beides in dünne Scheiben geschnitten und auf dem Pizzaboden gleichmäßig verteilt. Anschließend nochmals 5–8 Minuten backen. Darauf achten, dass der Pizzarand nicht zu dunkel wird oder verbrennt. Gegebenenfalls mit Alufolie abdecken. Aus dem Ofen nehmen und mit Basilikumblättern bestreuen.

ohne Belag und pro Stück

F	EW	KH	N-KH	kcal
15 g	12,5 g	1,5 g	1 g	197

zuzüglich Belag und pro Stück

F	EW	KH	N-KH	kcal
4 g	4 g	0,5 g	0 g	54

Hühnchen-Pilz-Pfanne!

2 Portionen

Vorbereitungszeit: 10 Minuten / Kochzeit: 15 Minuten

ZUTATEN

- 250 g Champignons
- 100 g Speckwürfel
- 3 EL Olivenöl zum Braten
- 400 g Hühnchen
- 200 g Austernpilze
- jeweils ½ TL Salz und Pfeffer
- 1 EL italienische Gewürzmischung
- 100 g Crème fraîche
- 50 ml Sahne
- 30 g geriebener Parmesan
- 5–7 Zweige Thymian

ZUBEREITUNG

1. Die Champignons in Scheiben schneiden.
2. Die Speckwürfel in einer großen Pfanne mit etwas Olivenöl anbraten, bis sie goldbraun sind. Auf einen Teller geben und beiseitestellen.
3. Das Hühnchen in mundgerechte Stücke schneiden und in derselben Pfanne anbraten, bis es die gewünschte Bräunung hat. Auf einen Teller geben.
4. Die Austernpilze ebenfalls in Olivenöl anbraten, bis sie leicht gebräunt sind.
5. Die Speckwürfel und das Hühnchen zurück zu den Pilzen in die Pfanne geben und mit den Gewürzen würzen.
6. Die Crème fraîche, die Sahne und den Parmesan in einer kleinen Schüssel miteinander vermengen, dann in die Pfanne geben und alles gut unterrühren.
7. Die Thymianblättchen von den Zweigen abstreifen und in die Pfanne geben. Kurz unterrühren und dann nochmals 5 Minuten köcheln lassen bis alles schön sämig ist.

F	EW	KH	N-KH	kcal
65 g	70 g	3 g	0 g	872

Keto-Cordon-Bleu!

2 Portionen

Vorbereitungszeit: 25 Minuten / Kochzeit: 12 Minuten / Abkühlzeit: 3 Minuten

ZUTATEN

350 g Schweineschnitzel

1 Prise Salz und Pfeffer

2 Scheiben gekochter Schinken (z. B. Prosciutto)

2 Scheiben Brie

80 g gemahlene Sesamkerne

1 Ei

2 EL geriebener Parmesankäse

100 ml Erdnussöl zum Braten

TIPP:

Als Beilage eignen sich die Radieschen-Bratkartoffeln fantastisch! Das Rezept findest Du auf Seite 130.

ZUBEREITUNG

1. Die Schweineschnitzel kalt abbrausen, trockentupfen und auf ein großes Brett legen. Mit Frischhaltefolie bedecken und mit einem Fleischklopfer gleichmäßig plattklopfen.

2. Die Folie entfernen und die Schnitzel salzen und pfeffern. Eine Hälfte des Schnitzels mit Schinken und Brie belegen (gegebenenfalls entsprechend mit einem Messer vorab zuschneiden), einen Rand an den Seiten lassen und dann zusammenklappen. Mit zwei Zahnstochern die beiden Seiten schließen.

3. Eine „Panierstation" aufbauen: Einen tiefen Teller mit der Hälfte des Sesammehls, einen weiteren tiefen Teller mit einem verquirlten Ei und einen dritten tiefen Teller mit einem Mix aus dem restlichen Sesammehl und dem geriebenen Parmesankäse bereitstellen.

4. Als erstes werden die Schnitzel auf dem Sesammehlteller gewendet. Anschließend den Überschuss an Mehl abschütteln. Danach im Ei und als letztes in der Sesammehl-Parmesankäse-Mischung wenden. Den Überschuss abschütteln.

5. Das Erdnussöl in eine Pfanne geben und erhitzen. Die Schnitzel von jeder Seite 3 Minuten anbraten, dann wenden und nochmals 3 Minuten pro Seite braten. Vor dem Servieren ein paar Minuten abkühlen lassen, so dass die Käse-Schinken-Füllung fest werden kann. Guten Appetit!

F	EW	KH	N-KH	kcal
40 g	60 g	3 g	1 g	607

TIPP:

Ideal auch als Partysnack oder zum Mitnehmen für unterwegs. Im Kühlschrank sind sie bis zu 3 Tage haltbar.

Keto-Würstchen im Schlafrock!

2 Portionen

Vorbereitungszeit: 10 Minuten / Backzeit: 15 Minuten

ZUTATEN

125 g geriebener Mozzarella

30 g Frischkäse

1 Ei

20 g Kokosmehl

1 Prise Salz

1 TL 150 g) Mini-Würstchen (z. B. Wiener, Käsekrainer)

TIPP:

Hierzu passt gut der pikante Tomaten-Paprika-Dip auf Seite 137.

ZUBEREITUNG

1. Den Backofen auf 220 °C Umluft vorheizen.
2. Den Mozzarella und den Frischkäse in der Mikrowelle schmelzen (30–60 Sekunden). Das Ei hinzugeben und verquirlen. Anschließend das Kokosmehl und das Salz beifügen und alles gut vermengen.
3. Die Teigmasse zwischen zwei Backpapierblättern gleichmäßig und dünn in einer rechteckigen Form ausrollen.
4. Mit einem Messer die Teigmasse in 6 Rechtecke schneiden. Je ein Würstchen am Rand eines Rechtecks anlegen und darin einrollen. Auf dem Backblech etwas Platz zwischen den einzelnen Würstchen-Rollen lassen, da der Teig noch aufgeht.
5. Im Ofen 12–15 Minuten auf mittlerer Schiene backen.

pro Würstchen

F	EW	KH	N-KH	kcal
15 g	11 g	1,5 g	0 g	191

Lachsburger!

2 Portionen

Vorbereitungszeit: 20 Minuten / Kochzeit: 10 Minuten

ZUTATEN

2 Packungen Stremellachs

1 Ei

1 Prise Salz und Pfeffer

1 TL frische Petersilie

1 Frühlingszwiebel

Je ½ TL Cayennepfeffer und Paprika edelsüß

2 EL Olivenöl zum Braten

VARIANTE

Anstatt Stremellachs kann auch geräucherte Forelle oder Thunfisch aus der Dose verwendet werden.

ZUBEREITUNG

1. Dem Stremellachs die Haut abziehen und den Fisch in kleinere Stücke zupfen. Zusammen mit dem Ei in eine Küchenmaschine geben und alles kurz pürieren.
2. Die Frühlingszwiebel in kleine Ringe schneiden und die Petersilie kleinhacken.
3. Die Gewürze, die Petersilie und die Frühlingszwiebel zur Lachs-Ei-Mischung geben und alles erneut pürieren.
4. Vier etwa gleich große Burger-Patties formen. Da die Masse sehr klebrig ist, empfehle ich, für diesen Schritt Gummihandschuhe überzuziehen.
5. Das Olivenöl in einer Pfanne auf mittlerer Hitze erhitzen und die Burger pro Seite ca. 3 Minuten goldbraun anbraten.

TIPP:

Dazu passen hervorragend die Kohlrabi-Pommes von Seite 128. Aber auch ein Spiegelei auf dem Patty oder die Guacamole auf Seite 140 sowie Brokkoli, grüner Spargel, grüne Bohnen, Zucchini oder ein grüner Salat lassen sich fantastisch dazu kombinieren.

F	EW	KH	N-KH	kcal
26 g	34 g	4 g	2,5 g	356

Mascarpone-Shrimps-Pfanne!

2 Portionen

Vorbereitungszeit: 10 Minuten / Kochzeit: 15 Minuten

ZUTATEN

300 g Shrimps aus Wildfang

1 Knoblauchzehe

2 ½ EL Olivenöl zum Braten

300 g Blattspinat

125 g Mascarpone

100 g gestückelte Dosentomaten

1 EL Tomatenmark

100 g geriebener Parmesankäse

1 Prise Salz und Pfeffer

jeweils ½ TL Oregano, Knoblauchpulver, Paprika edelsüß, Chiliflocken (nach Geschmack)

ZUBEREITUNG

1. Die Shrimps unter kaltem Wasser abbrausen, gut trockentupfen und beiseitestellen.
2. Den Knoblauch hacken und in einer Pfanne mit ½ EL Olivenöl anbraten. Danach auf einen Teller geben und beiseitestellen.
3. Die Shrimps in derselben Pfanne mit 1 EL Olivenöl anbraten. Mit Paprika edelsüß würzen. Danach auf einen Teller geben und beiseitestellen.
4. Den letzten EL Olivenöl in die Pfanne geben, den Blattspinat darin garen und dann ebenfalls beiseitestellen.
5. Den Mascarpone, die Tomatenstücke und das Tomatenmark in die Pfanne geben und bei geringer Hitze verrühren. Anschließend den geriebenen Parmesan unterrühren, die restlichen Gewürze hinzugeben und ca. 5 Minuten köcheln lassen.
6. Jetzt sämtliche Zutaten von den Tellern in die Pfanne geben und alles gut miteinander verrühren.

TIPP:

Zur Dekoration noch etwas gehackte Petersilie oder Basilikum und etwas gehobelten Parmesan über die Shrimps geben.

F	EW	KH	N-KH	kcal
61 g	49 g	6,5 g	2 g	775

Ofenlachs/ Grillachs!

2 Portionen

Vorbereitungszeit: 5 Minuten / Grill- oder Backzeit: 20–25 Minuten

ZUTATEN

2 x 150 g frisches Lachsfilet (idealerweise aus Wildfang)

2 TL Olivenöl

1 Prise Salz und Pfeffer

1 TL Dill frisch oder tiefgefroren

ZUBEREITUNG

1. Den Ofen oder den Grill auf 200 °C Umluft vorheizen.
2. Die Lachsfilets trockentupfen und mit der Hautseite nach unten mittig auf jeweils ein DIN A4 großes Stück Alufolie legen. Jede Lachshälfte mit einem TL Olivenöl beträufeln und einreiben, anschließend mit Salz und Pfeffer würzen.
3. Den Dill gleichmäßig über die beiden Lachsfilets streuen und dann die Alufolie an allen Seiten nach oben leicht zusammendrücken, so dass noch Luft entweichen kann.
4. Die Lachsfilets im Ofen oder auf dem Grill 20–25 Minuten garen.
5. Vorsichtig die Alufolie öffnen (Achtung, es entweicht heißer Dampf) und das Lachsfilet von der Haut abheben und auf einem Teller servieren. Es sollte sich leicht von der Haut lösen.

TIPP:

Hierzu passt die Sauce Hollandaise auf Seite 135 hervorragend. Als Beilage eignet sich das Kohlrabi-Gratin von Seite 129 perfekt, aber auch grüner Spargel oder grüne Bohnen schmecken dazu lecker.

F	EW	KH	N-KH	kcal
31 g	30 g	0 g	0 g	402

Pikante Fajita-Pfanne!

2 Portionen

Vorbereitungszeit: 10 Minuten / Kochzeit: 15 Minuten / Backzeit: 5 Minuten

ZUTATEN

300 g Rinderfilet

1 rote Zwiebel

1 grüne Paprika

1 rote Paprika

3 EL Olivenöl

1 TL Sambal Oelek (nach Geschmack)

½ TL Paprika edelsüß

1 Prise Salz und Pfeffer

1 EL Worcestershire-Sauce

75 g Crème fraîche

120 g Cheddarkäse gerieben

ZUBEREITUNG

1. Den Ofen auf 200 °C Umluft vorheizen.
2. Das Rinderfilet waschen und trockentupfen. In feine Streifen schneiden.
3. Die Zwiebel und die Paprikas in feine Streifen schneiden.
4. 1 EL Olivenöl in einer großen, ofenfesten Pfanne oder einem Bräter erhitzen.
5. Die Rinderfiletstreifen kurz anbraten, bis sie leicht gebräunt sind. Herausnehmen und auf einem Teller beiseitestellen.
6. Das restliche Olivenöl in die Pfanne geben und die Zwiebel- und Paprikastreifen anbraten, bis sie angebräunt sind. Das Sambal Oelek je nach Geschmack unterrühren.
7. Das Fleisch wieder hinzugeben, alles mit den Gewürzen und der Worcestershire-Sauce würzen und gut umrühren. Die Crème fraîche hinzugeben und mit dem Gemüse und dem Fleisch verrühren. Mit dem Käse bestreuen und die Pfanne für 5 Minuten auf der oberen Schiene in den Ofen geben, bis der Käse geschmolzen ist. Vor dem Servieren kurz abkühlen lassen.

F	EW	KH	N-KH	kcal
58 g	50 g	14,5 g	13,5 g	787

Salat mit Thunfisch!

2 Portionen

Vorbereitungszeit: 10 Minuten / Kochzeit: 10 Minuten

ZUTATEN

100 g Kräuter-Crème fraîche

2 EL Zitronensaft

2 Tomaten

125 g Salatmischung

100 g geriebener Gouda

2 x 80 g Thunfisch in Olivenöl

1 Prise Salz und Pfeffer

1 Avocado

ZUBEREITUNG

1. Die Crème fraîche und den Zitronensaft in einer großen Salatschüssel verrühren.

2. Die Tomaten kleinschneiden und zusammen mit dem Salat, dem Gouda, dem Thunfisch und einer Prise Salz und Pfeffer in die Schüssel geben.

3. Die Avocado in zwei Hälften aufschneiden, entkernen und mit einem Messer ca. 1 cm dicke Spalten längs und dann quer bis zur Schale einritzen. Mit einem Esslöffel die Würfel ausheben und in die Schüssel geben. Alles gut unterheben, um das Dressing gleichmäßig zu verteilen. Anschließend servieren und genießen.

F	EW	KH	N-KH	kcal
60 g	38 g	9 g	1 g	735

Spitzkohlauflauf mit Lachs!

2 Portionen

Vorbereitungszeit: 15 Minuten / Backzeit: 30 Minuten / Abkühlzeit: 5 Minuten

ZUTATEN

400 g Spitzkohl

250 g Lachsfilet

1 Prise Salz und Pfeffer

2 Eier

200 g Frischkäse

100 ml Schlagsahne

1 EL gehackter Dill

1 TL Kurkuma

ZUBEREITUNG

1. Den Ofen auf 180 °C Umluft vorheizen.
2. Den Spitzkohl in mundgerechte Stücke oder Streifen schneiden und in einen großen Topf mit Wasser geben.
3. Kurz aufkochen und dann bei geringer Hitze im geschlossenen Topf 5 Minuten ziehen lassen. Der Spitzkohl sollte noch bissfest sein.
4. Während der Spitzkohl kocht, die Haut vom Lachs entfernen. Den Lachs in mundgerechte Würfel schneiden (ca. 2 cm dick) und mit etwas Salz und Pfeffer würzen.
5. Den Spitzkohl abseihen und etwas ausdampfen lassen. Er sollte nicht mehr nass sein, da sonst die Sauce verwässert.
6. In einer Schüssel oder einem Messbecher die Eier, den Frischkäse, die Sahne, den Dill, das Kurkuma und noch etwas Salz und Pfeffer miteinander vermengen.
7. Den Spitzkohl in eine mit Butter eingefettete Auflaufform geben, mit der Ei-Sahne-Frischkäse-Mischung übergießen, die Lachs-würfel auf dem Kohlbett platzieren und im Ofen auf mittlerer Schiene ca. 30 Minuten backen.
8. Anschließend aus dem Ofen holen und vor dem Servieren 5 Minuten ruhen lassen, damit sich die Masse setzt.

F	EW	KH	N-KH	kcal
71 g	43 g	10,5 g	5,5 g	850

Thai-Suppe mit Shrimps

2 Portionen

Vorbereitungszeit: 10 Minuten / Kochzeit: 10 Minuten

ZUTATEN

1 mittelgroße Zucchini

100 g braune Champignons

1 Frühlingszwiebel

250 g Wildfang-Garnelen

3 EL Kokosöl

2 gehäufte TL rote Currypaste

1 TL Ingwerpulver oder frisch gemahlener Ingwer

1 TL Zitronengraspulver

400 ml Brühe oder Fischfond

200 ml Kokosmilch

optional 1–2 Stiele Koriander zum Garnieren

ZUBEREITUNG

1. Die Zucchini und die Champignons waschen bzw. putzen. Anschließend die Zucchini halbieren und, genauso wie die Pilze, in Scheiben schneiden.
2. Die Frühlingszwiebel waschen und in schmale Ringe schneiden.
3. Die Garnelen unter kaltem Wasser abbrausen und trockentupfen.
4. 2 EL Kokosöl in einem Suppentopf erhitzen und die Zucchini- und Champignonscheiben darin anbraten.
5. Einen weiteren EL Kokosöl in den Topf zum Gemüse geben, dann die Garnelen hinzufügen und 1–2 Minuten mitbraten.
6. Die rote Currypaste hinzugeben und gut umrühren. Das Ingwer- und Zitronengraspulver zugeben und mit anrösten.
7. Die Brühe und die Kokosmilch hinzugeben und alles bei mittlerer Hitze 5 Minuten köcheln lassen. Zuletzt in zwei Schalen oder Suppenteller füllen und nach Geschmack mit Koriander garnieren.

F	EW	KH	N-KH	kcal
47 g	26 g	9 g	7 g	576

VIC FIRTH
VIC FIRTH

Thunfischbällchen mit Rahmspinat!

6 Stück für 2 Portionen

Vorbereitungszeit: 10 Minuten / Backzeit: 15 Minuten

ZUTATEN

2 Dosen Thunfisch in Wasser eingelegt

1 Ei

1 Prise Salz und Pfeffer

1 TL Oregano

½ TL Zimt

100 g geriebenen Parmesankäse

Rahmspinat, siehe Rezept Seite 131

ZUBEREITUNG

1. Den Backofen auf 180 °C Umluft vorheizen.
2. Den Thunfisch gut abtropfen lassen und in eine Schüssel geben.
3. Das Ei, Salz und Pfeffer, den Oregano, den Zimt und den Parmesan hinzufügen und alles mit den Händen gut verkneten. Aus der Thunfischmasse mit den Händen sechs kleine Bällchen formen. Ich empfehle hier das Tragen von Gummihandschuhen, da die Masse sehr klebrig ist.
4. Die Bällchen auf einem mit Backpapier ausgelegten Backblech platzieren.
5. Für 15 Minuten auf mittlerer Schiene im Backofen backen.

TIPP:

Hierzu passt hervorragend die Carbonara-Sauce ohne Speck auf Seite 139 oder die Gorgonzola-Sauce auf Seite 140.

F	EW	KH	N-KH	kcal
19 g	60 g	0 g	0 g	416

Tomaten und Mozzarella mit Pesto!*

2 Portionen

Zubereitungszeit: 10 Minuten

ZUTATEN

300 g (ca. 3 große) Tomaten

1 Prise Salz und Pfeffer

2 x 125 g Mozzarella

ein paar frische Basilikumblätter

Optional 1 EL Olivenöl

Pesto Italiano, siehe Rezept Seite 136

ZUBEREITUNG

1. Die Tomaten kalt abwaschen und trockentupfen. In ca. ½ cm dicke Scheiben schneiden und je nach Größe eventuell halbieren. Flach auf einem großen Teller anrichten. Mit Salz und Pfeffer würzen.
2. Die Mozzarellakugeln aus der Packung nehmen und trockentupfen. In dünne Scheiben schneiden. Je nach Menge an Tomatenscheiben eventuell die Scheiben halbieren.
3. Jede Tomatenscheibe mit einer Mozzarellascheibe belegen und darauf einen Klecks Pesto Italiano geben. Nach Geschmack zusätzlich mit Olivenöl beträufeln und mit frischen Basilikumblättern garnieren.

F	EW	KH	N-KH	kcal
23 g	24 g	8 g	7 g	332

TIPP:

Die Zoodles schmecken außerdem fantastisch mit der original italienischen Carbonara von Seite 139!

Zucchininudeln mit Bologanese-Sauce!

2 Portionen

Vorbereitungszeit: 15 Minuten / Kochzeit: 30 Minuten

ZUTATEN FÜR DIE SAUCE

1 weiße Zwiebel

1 Knoblauchzehe

3 EL Olivenöl zum Braten

200 g Champignons

200 g Bio-Hackfleisch, gemischt

jeweils 1 TL Oregano, Paprika edelsüß, Chiliflocken (nach Geschmack)

jeweils ½ TL Salz und Pfeffer

1 EL Tomatenmark

2 EL Rosato-Essig

200 g passierte Tomaten

2–3 Stiele frisches Basilikum

ZUTATEN FÜR DIE ZUCCHININUDELN

3 mittlere Zucchini

2 EL Olivenöl zum Braten

1 Prise Salz

½ TL Oregano oder italienische Gewürzmischung

ZUBEREITUNG

1. Für die Nudeln zunächst die Zucchini waschen, beide Enden abschneiden und mit einem Spiralschneider über einer großen Schüssel in lange Zoodles schneiden.
2. Für die Sauce erst einmal die Zwiebeln und die Knoblauchzehen kleinhacken und in einer großen Pfanne in 1 EL Olivenöl anbraten. Anschließend auf einen Teller geben und beiseitestellen.
3. Die Champignons in Scheiben oder Würfel schneiden und in derselben Pfanne in einem weiteren EL Olivenöl anbraten, bis sie gebräunt sind. Dann auf einen Teller geben und beiseitestellen.
4. Das Hackfleisch in derselben Pfanne erneut in 1 EL Olivenöl anbraten, bis es gut gebräunt ist.
5. Die Gewürze und das Tomatenmark hinzugeben und alles anrösten.
6. Die gebratenen Zwiebeln, die Knoblauchzehen, die Champignons sowie den Essig und die passierten Tomaten unterrühren. Alles 10 Minuten köcheln lassen, bis es dickflüssig ist.
7. Während die Sauce gart, die Zucchinispiralen in 2 EL Olivenöl kurz in einer heißen Pfanne wenden und würzen. Nicht zu lange braten, sonst werden sie matschig.
8. Abschließend das Basilikum der Sauce beifügen, nochmals abschmecken und gegebenenfalls nachwürzen.
9. Die Zucchininudeln in einen tiefen Teller geben und mit der Sauce übergießen.

F	EW	KH	N-KH	kcal
47 g	25 g	18,5 g	13,5 g	599

Beilagen

Blumenkohlreis!*

2 Portionen

Vorbereitungszeit: 10 Minuten / Kochzeit: 10 Minuten

ZUTATEN

300–400 g (ca. ein halber) Blumenkohl

4 EL Butter

1 TL Kurkuma

1 Prise Salz

ZUBEREITUNG

1. Die Blätter und den Strunk der Blumenkohlhälfte abschneiden. Die Röschen in einer Küchenmaschine zerkleinern oder mit einer Gemüsereibe reiben, bis der Blumenkohl eine reiskornähnliche Konsistenz hat. Nicht zu lange mixen, da der Blumenkohl sonst zu Püree wird!

2. In einer Pfanne die Butter erhitzen, den rohen Blumenkohlreis hineingeben und 7–10 Minuten bräunen, bis er eine goldene Farbe hat. Für eine intensivere Farbe das Kurkuma hinzugeben und anschließend salzen. Alles nochmals gut umrühren und servieren.

TIPP: Sollte die Menge an Blumenkohlreis zu groß sein, kann der Rest auch in einem Frischhaltebeutel für 2–3 Tage im Kühlschrank aufbewahrt werden.

F	EW	KH	N-KH	kcal
3 g	4 g	3 g	0,5 g	67

Selleriepüree!*

2 Portionen

Vorbereitungszeit: 5 Minuten / Kochzeit: 15 Minuten

ZUTATEN

½ Knollensellerie

1 halbe weiße Zwiebel

1 Knoblauchzehe

80 g Butter

50 g Crème fraîche

½ TL Muskat

1 Prise Salz

ZUBEREITUNG

1. Den Knollensellerie schälen. Die Knolle halbieren, eine Hälfte in grobe Würfel schneiden und in einen Topf mit kaltem, leicht gesalzenem Wasser geben. Kurz aufkochen und dann bei mittlerer Hitze 10 Minuten köcheln lassen. Abgießen und kurz ausdampfen lassen.

2. Während der Sellerie köchelt, die Zwiebel schälen und in mittelgroße Würfel schneiden. Die Knoblauchzehe hacken oder mit einer Knoblauchpresse in die Pfanne auspressen. Die Zwiebel und den Knoblauch in 1 EL der Butter anbraten, bis alles leicht gebräunt ist.

3. Den gegarten Sellerie, die Zwiebeln und den Knoblauch in einen Mixer geben und pürieren. Für eine festere Konsistenz einen Pürierstab oder Kartoffelstampfer benutzen. Das Püree zurück in den Topf geben und mit der restlichen Butter und Crème fraîche nochmals auf niedriger Temperatur erhitzen, bis die gewünschte Konsistenz und Sämigkeit erreicht ist. Mit Muskat und Salz abschmecken.

F	EW	KH	N-KH	kcal
8 g	5,5 g	5 g	3 g	164

Kohlrabi-Pommes!*

2 Portionen

Vorbereitungszeit: 10 Minuten / Backzeit: 20–25 Minuten

ZUTATEN

550 g Kohlrabi (ergibt geschält ca. 430 g)

3 EL Olivenöl

½ TL Salz

1 TL Paprika edelsüß

ZUBEREITUNG

1. Den Ofen auf 200 °C Umluft vorheizen.
2. Die Blätter des Kohlrabis entfernen und diesen schälen.
3. Den Kohlrabi halbieren, dann in fingerdicke Scheiben schneiden, diese flach aufs Schneidebrett legen und anschließend in fingerbreite Streifen bzw. „Pommes" schneiden.
4. Einen großen Gefrierbeutel nehmen und das Olivenöl hineingeben. Das Salz und das Paprikapulver hinzugeben, den Beutel verschließen und alles vermengen. Dann die Pommes hineingeben und in der Öl-Gewürz-Mischung schwenken.
5. Ein Backbleck mit Backpapier auslegen und die Pommes darauf verteilen. Etwas Platz zwischen den einzelnen Pommes lassen, sonst kleben sie aneinander und werden nicht richtig knusprig.
6. Für 20–25 Minuten oder bis zur gewünschten Bräunung auf mittlerer Schiene backen. Zwischendurch wenden.

F	EW	KH	N-KH	kcal
16,5 g	4 g	8 g	8 g	204

Kohlrabi-Gratin!*

2 Portionen

Vorbereitungszeit: 10 Minuten / Kochzeit: 25–30 Minuten / Abkühlzeit: 5–10 Minuten

ZUTATEN

300 g Kohlrabi

125 ml Schlagsahne

1 Prise Salz und Pfeffer

½ TL geriebene Muskatnuss

150 g geriebener Gouda

ZUBEREITUNG

1. Den Ofen auf 200 °C Umluft vorheizen.
2. Den Kohlrabi in sehr dünne Scheiben schneiden (am besten mit einem Gemüsehobel) und in eine Schüssel geben.
3. Die Sahne, die Gewürze und 50 g des geriebenen Goudas zum Kohlrabi geben und alles gut vermengen.
4. Kohlrabi-Mischung in einer Auflaufform verteilen und die restlichen 100 g Gouda darüber streuen.
5. 25 Minuten auf mittlerer Schiene backen. Aus dem Ofen nehmen und vor dem Servieren für 5–10 Minuten abkühlen lassen.

F	EW	KH	N-KH	kcal
40 g	21 g	8 g	8 g	493

Radieschen-Bratkartoffeln!

2 Portionen

Vorbereitungszeit: 10 Minuten / Kochzeit: 10 Minuten

ZUTATEN

150 g Radieschen ohne Blätter

1 mittlere rote Zwiebel

1 EL Olivenöl

100 g Speckwürfel

1 Prise Salz und Pfeffer

ZUBEREITUNG

1. Die Radieschen unter kaltem Wasser abbrausen. Dann trockentupfen, die Enden abschneiden und halbieren.
2. Die Zwiebel schälen und in feine Würfel oder Scheiben schneiden.
3. Das Olivenöl in einer Pfanne erhitzen. Die Speckwürfel und die Zwiebeln hinzugeben und anbraten.
4. Die Radieschen hinzugeben und mitbraten, bis alles goldbraun ist.
5. Mit Salz und Pfeffer abschmecken.

VARIANTE

Für eine vegetarische Variante einfach die Speckwürfel weglassen.

F	EW	KH	N-KH	kcal
17 g	10 g	4 g	3 g	210

Vegetarische Variante

F	EW	KH	N-KH	kcal
5 g	2 g	4 g	3 g	65

Rahmspinat!*

2 Portionen

Vorbereitungszeit: 5 Minuten / Kochzeit: 10 Minuten

ZUTATEN

300 g Blattspinat

1 Knoblauchzehe

2 EL Olivenöl

125 g Mascarpone

100 g geriebener Parmesan

1 Prise Salz, Pfeffer und Muskat

ZUBEREITUNG

1. Den Spinat waschen und trocknen.
2. Die Knoblauchzehe in dünne Scheiben schneiden oder fein hacken.
3. Das Olivenöl in einer großen Pfanne oder einem Wok erhitzen. Den Spinat nach und nach hinzugeben, dabei immer wieder umrühren und bei mittlerer Hitze garen.
4. Den Knoblauch hinzugeben und unterrühren.
5. Den Mascarpone in die Pfanne geben und alles gut miteinander verrühren. Kurz mitköcheln lassen und dann den Parmesan hinzugeben.
6. Nochmals alles gut verrühren und mit jeweils einer Prise Muskat, Salz und Pfeffer abschmecken.

F	EW	KH	N-KH	kcal
55 g	24 g	3 g	0 g	607

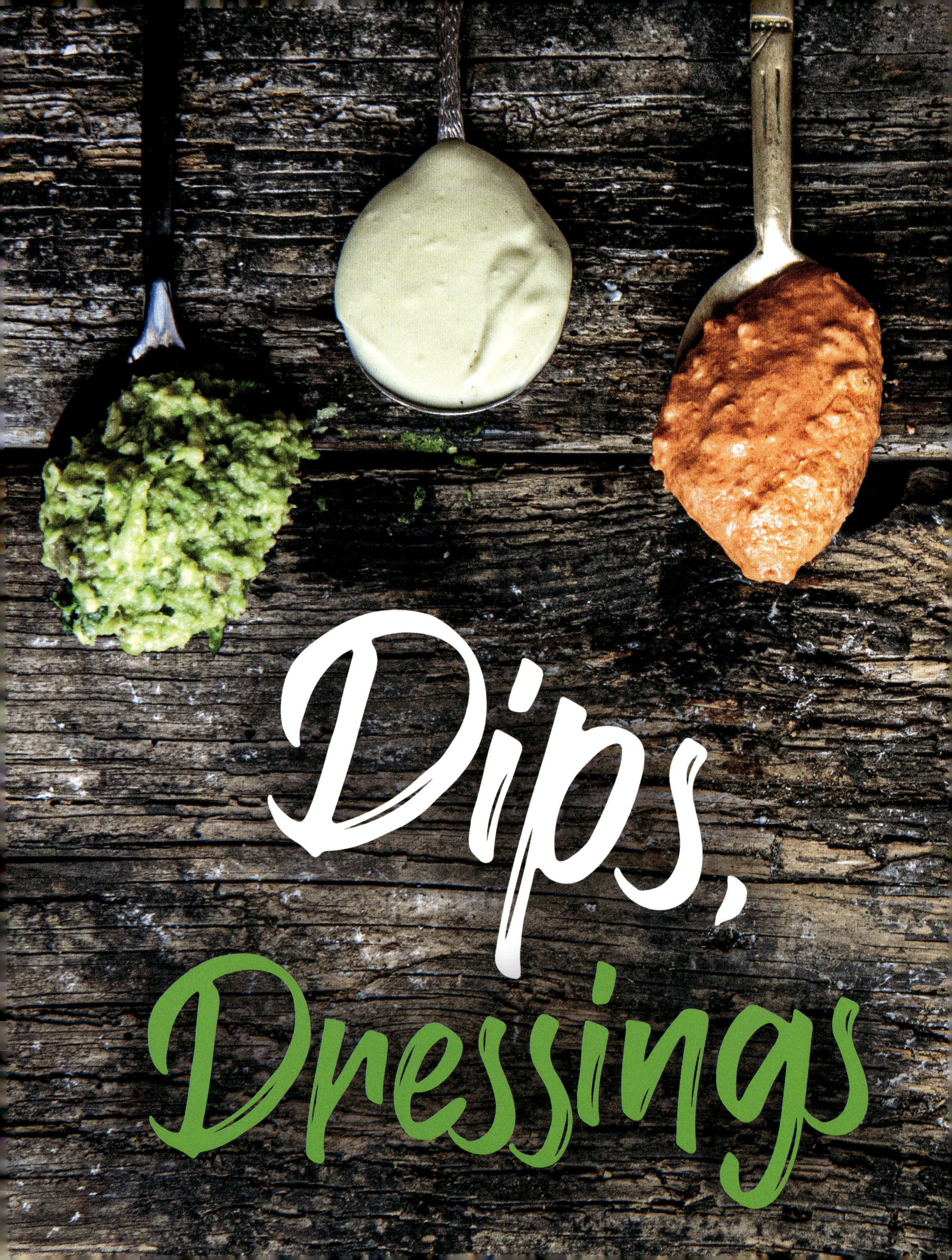

Dips, Dressings

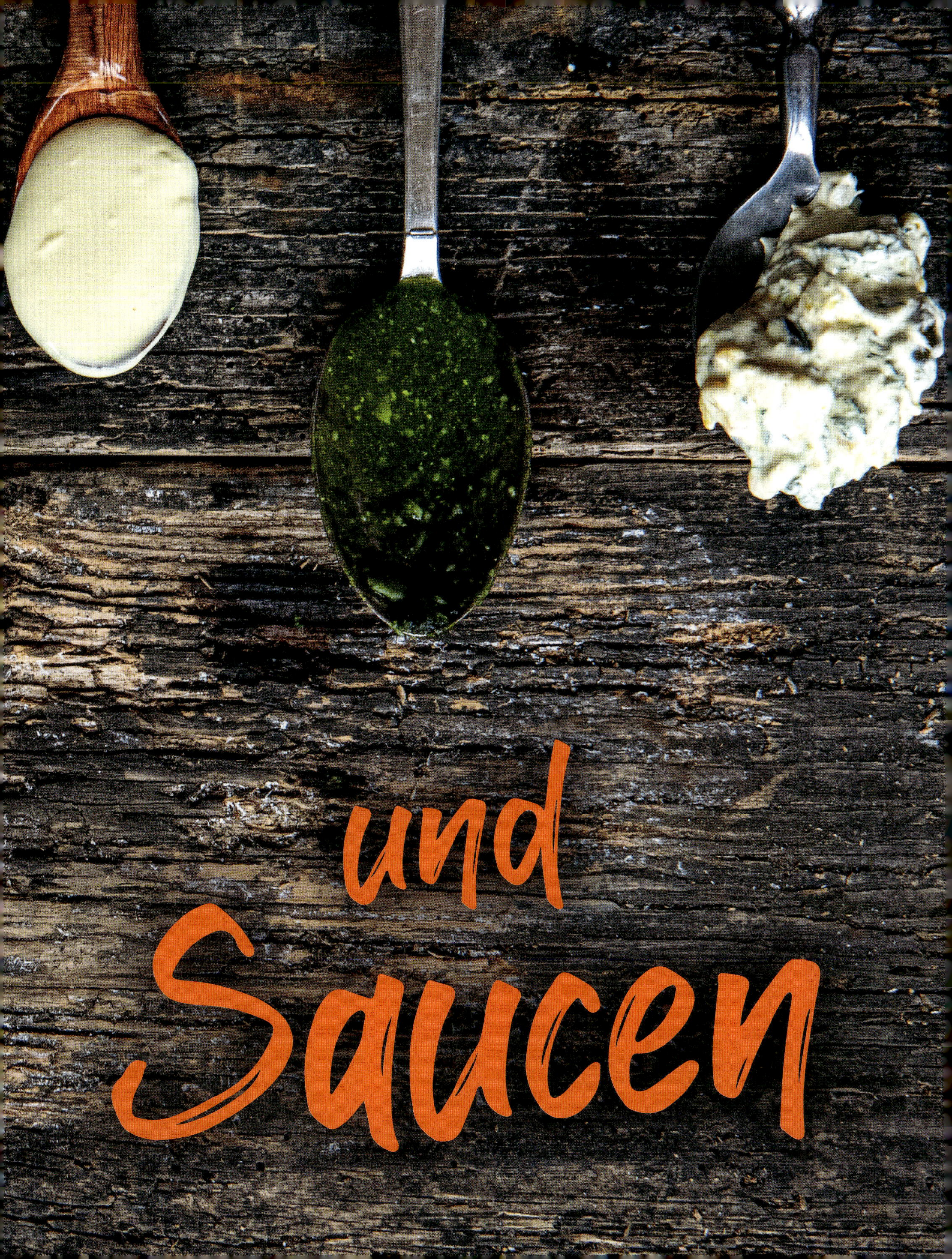

und Saucen

Caesar Dressing!

2 Portionen

Vorbereitungszeit: 5 Minuten

ZUTATEN

100 ml Schlagsahne

5 Sardellenfilets aus dem Glas

1 Knoblauchzehe

1 EL Olivenöl

1 EL Zitronensaft

„Caesar's Salad",
siehe Rezept Seite 92

ZUBEREITUNG

1. In einem kleinen Mixer die Sahne, die Sardellenfilets, den Knoblauch, das Olivenöl und den Zitronensaft für ein paar Sekunden gut mixen. Nicht zu lange, sonst wird es flockig.

2. Das Dressing hält sich 2 Tage im Kühlschrank.

VARIANTE

Für eine vegetarische Variante einfach die Sardellenfilets weglassen.

F	EW	KH	N-KH	kcal
25 g	2 g	2 g	2 g	246

vegetarische Variante

F	EW	KH	N-KH	kcal
25 g	1,5 g	2 g	2 g	241

Dees Vinaigrette! *

2 Portionen

Vorbereitungszeit: 5 Minuten

ZUTATEN

2 EL Olivenöl

2 EL Rosato Essig

1 TL Dijonsenf

1 Prise Salz und Pfeffer

1 TL frische, getrocknete oder tiefgefrorene Kräuter nach Wahl

ZUBEREITUNG

Alle Zutaten in ein hohes Gefäß geben und mit einem Quirl oder einer Gabel gut vermengen. Alternativ alles in einen Shaker geben und gut durchschütteln.

F	EW	KH	N-KH	kcal
10 g	0,5 g	4,5 g	4,5 g	114

Sauce Hollandaise!*

2 Portionen

Vorbereitungszeit: 2 Minuten / Kochzeit: 5 Minuten

ZUTATEN

1 Eigelb

100 g Butter

1 EL Wasser

1 EL Zitronensaft

½ TL Dijonsenf

1 Prise Salz

TIPP:

Passt hervorragend zum Ofen-/Grilllachs auf Seite 108.

ZUBEREITUNG

1. Alle Zutaten sollten Zimmertemperatur haben. Das Eigelb vom Eiweiß trennen.
2. Die Butter in einem kleinen Topf oder in einer mikrowellengeeigneten Tasse in der Mikrowelle vorsichtig schmelzen. Sie sollte nur warm, nicht heiß sein. Gegebenenfalls etwas abkühlen lassen.
3. In einer kleinen Metallschüssel oder in einem kleinen Topf das Eigelb mit dem Wasser und dann mit dem Zitronensaft, dem Senf und dem Salz verrühren.
4. Das Gefäß mit der Eigelb-Mischung vorsichtig über einem Wasserbad erwärmen und ständig mit einem Quirl rühren. Dabei darauf achten, dass das Innere des Topfes nicht mit dem Wasser in Berührung kommt.
5. Wenn die Eigelb-Mischung beginnt einzudicken, langsam die flüssige Butter hineinträufeln und ständig weiterrühren, damit die Sauce nicht gerinnt. Sollte die Sauce zu dickflüssig werden, kann einfach etwas Wasser hinzugegeben werden.

F	EW	KH	N-KH	kcal
6 g	1 g	1 g	1 g	89

Pesto Italiano *

4 EL

Zubereitungszeit: 10 Minuten

ZUTATEN

15 g frisches Basilikum (oder Minze oder Petersilie)

50 ml Olivenöl

20 g Pinienkerne (oder Sonnenblumenkerne, Walnüsse oder Macadamias)

20 g geriebener Parmesan

½–1 Knoblauchzehe (optional)

TIPP:

Die Kombinationsmöglichkeiten sind zahlreich, was die verwendeten Kerne und Nüsse und die Kräuter angeht. Hier dürft ihr gern kreativ sein.

ZUBEREITUNG

1. Die Pinienkerne in einer Pfanne bei mittlerer Hitze für 3–5 Minuten anrösten, bis sie gebräunt sind. Achtung: Sie verbrennen leicht, daher regelmäßig umrühren! Dann etwas abkühlen lassen.
2. Das komplette Basilikum samt Stielen in einen Mixer oder eine Küchenmaschine geben. Mit dem Olivenöl aufgießen und 5 Sekunden lang gut mixen.
3. Den Parmesan in das Mixgefäß zum Basilikum geben und alles mixen.
4. Abschließend die Pinienkerne hinzugeben und das Gerät nochmals 10 Sekunden laufen lassen. Für eine gröbere Konsistenz jeweils nur kurz mixen und eventuell etwas weniger Olivenöl verwenden, für eine cremigere Konsistenz länger mixen und gegebenenfalls etwas mehr Olivenöl hinzugeben. In einen Behälter mit Deckel umfüllen. Schmeckt toll zu Tomaten mit Mozzarella, als Sauce zu Zucchininudeln oder auch als Dressing im Salat (verdünnt mit etwas Zitronensaft und mehr Olivenöl).

TIPP:

Der Knoblauch ist hier optional. Normalerweise darf er in keinem Pesto fehlen. Da ich häufiger morgens Pesto auf meine Tomaten mache und dann nicht den ganzen Tag auf der Arbeit nach Knoblauch riechen will, mache ich mein Pesto meistens ohne. Wenn du möchtest, kannst du natürlich eine halbe bis ganze Zehe hinzugeben. Das Pesto hält sich in der Regel 3–5 Tage im Kühlschrank.

pro EL

F	EW	KH	N-KH	kcal
16,5 g	2,5 g	0 g	0 g	160

Pikanter Tomaten-Paprika-Dip*

4 EL

Zubereitungszeit: 5 Minuten

ZUTATEN

60 g Frischkäse

1 gehäufter TL Sambal Oelek

1 EL Tomatenmark

½ TL Paprika edelsüß

1 Prise Salz

1 EL Olivenöl

ZUBEREITUNG

1. Den Frischkäse in einem kleinen Schälchen cremig rühren.
2. Das Sambal Oelek und das Tomatenmark unterrühren.
3. Das Paprikagewürz und die Prise Salz hinzugeben, nochmals alles gut verrühren. Abschließend den EL Olivenöl unterrühren.

TIPP:

Passt ideal zu den Würstchen im Schlafrock auf Seite 103, als Dip zu Fleischspießen oder zum Käse-Knoblauchbrot auf Seite 164.

pro EL

F	EW	KH	N-KH	kcal
7 g	1 g	1 g	1 g	70

Diese Carbonara-Sauce ist nach einem lieben Musikerfreund, Marco „Maki“ Coti Zelati, Bassist der italienischen Metal-band „Lacuna Coil“, benannt, der mir sein original italienisches Familienrezept verraten hat.

Carbonara-Sauce à la Maki!

2 Portionen

Vorbereitungszeit: 2 Minuten / Zubereitungszeit: 5–7 Minuten

ZUTATEN

2 Eigelb

100 g italienischer Guanciale (Wangenspeck) oder Bauchspeck – ohne Haut

100 g geriebener Parmesan oder Pecorino

50 ml Wasser

1 TL Butter

1 Prise Pfeffer

VARIANTE

Für eine vegetarische Version die Speckwürfel weglassen.

ZUBEREITUNG

1. Die Eigelbe vom Eiweiß trennen und in einen kleinen Saucentopf geben. Das Eiweiß wird nicht mehr benötigt und kann z. B. für das Wölkchenbrot von Seite 177 verwendet werden.
2. Dann den Speck in ½ cm dicke Scheiben schneiden und anschließend würfeln.
3. Die Eier mit einem Quirl verquirlen und dann die Hälfte des Parmesans/Pecorinos und des Wassers unterrühren. Langsam bei geringer Temperatur erhitzen.
4. In einer kleinen Pfanne die Speckwürfel in der Butter knusprig braten und auf einem Küchentuch abtropfen lassen.
5. Wenn die Sauce etwas eingedickt ist, den restlichen Käse und gegebenenfalls Wasser hinzufügen, bis die gewünschte cremige Konsistenz erreicht ist. Mit Pfeffer abschmecken.
6. Die Sauce über die Zucchininudeln auf Seite 123 geben und mit Speckwürfeln garnieren.

F	EW	KH	N-KH	kcal
40 g	23 g	2 g	2 g	460

vegetarische Variante

F	EW	KH	N-KH	kcal
14 g	16 g	2 g	2 g	202

Gorgonzola-Sauce!*

2 Portionen

Vorbereitungszeit: 2 Minuten / Zubereitungszeit: 5–7 Minuten

ZUTATEN

2 Eigelb

15 ml Schlagsahne

40 g Gorgonzola Dolce

20 g geriebener Parmesan

ZUBEREITUNG

1. Eiweiß und Eigelb trennen.
2. Die Eigelbe in einen kleinen, kalten Topf geben und mit der Schlagsahne verquirlen.
3. Langsam auf niedriger Stufe erhitzen und regelmäßig umrühren.
4. Den Gorgonzola in grobe Stücke schneiden und mit in den Topf geben. Schmelzen lassen und weiter gut umrühren.
5. Den Parmesan hinzufügen und gut unterrühren, bis alles eine sämige Sauce ergibt.

F	EW	KH	N-KH	kcal
11,5 g	7,5 g	0,5 g	0,5 g	134

Guacamole!*

6 EL

Vorbereitungszeit: 5 Minuten

ZUTATEN

1 Avocado

1 TL Chilisauce (nach Geschmack)

1 EL Limettensaft

½ TL Salz

ZUBEREITUNG

1. Die Avocado halbieren und den Kern entfernen.
2. Das Fruchtfleisch aushöhlen und in eine kleine Schüssel geben. Mit einer Gabel zerdrücken.
3. Die Chilisauce, den Limettensaft und das Salz hinzugeben und alles gründlich mit einem Löffel verrühren.

pro EL

F	EW	KH	N-KH	kcal
8 g	1 g	0,5 g	0 g	75

TIPP:

Für das besondere Etwas können noch rote Zwiebel- oder Tomatenstückchen, Petersilie oder Koriander untergemengt werden.

TIPP:

Im Kühlschrank hält sich die Brühe ca. 5–7 Tage. Ich friere sie auch gerne ein und taue sie dann nach Bedarf im Kühlschrank über Nacht auf.

pro ¼ Liter

F	EW	KH	N-KH	kcal
6 g	3,5 g	1 g	0 g	70

TIPP:

Die Schenkel und Co. könnt ihr für das Abendessen direkt weiterverwerten, für eine Suppe verwenden oder erst einmal einfrieren.

Hühnerbrühe!

6 Liter

Vorbereitungszeit: 15 Minuten / Kochzeit: 3 Stunden 45 Minuten

FÜR DIE BASIS-BRÜHE:

1 Knollensellerie

1 Lauchstange

3 Möhren

1 große weiße Zwiebel mit Schale

4 Knoblauchzehen

1 Stück Ingwer

3 Lorbeerblätter

1 EL grobes, pinkes Himalaya-Salz

1 TL schwarze Pfefferkörner

½ Bund krause Petersilie

½ Bund Thymian

1 TL Wacholder

* Für eine vegetarische Variante, das Hühnchen einfach weglassen.

FÜR DAS HÜHNCHEN:

1,2–1,5 kg Freiland-Hühnchen oder Bio-Qualität

1 Prise Salz und Pfeffer

500 ml Wasser

etwas Küchengarn

ZUBEREITUNG BASIS-BRÜHE

1. Das komplette Gemüse, den Ingwer und den Knoblauch grob zerkleinern und in einen großen Topf geben (ca. 8 Liter Fassungsvermögen).

2. Den Topf bis 3–5 cm vom oberen Rand mit Wasser aufgießen, da noch Platz nach oben benötigt wird, um später die Hühnerkarkasse und den Bratensaft hinzugeben zu können.

3. Die Lorbeerblätter, das Salz, die Pfefferkörner und die Kräuter in den Topf geben und anschließend alles zum Kochen bringen.

ZUBEREITUNG HÜHNCHEN

1. Währenddessen den Backofen auf 180 °C Umluft vorheizen. Dann das Hühnchen unter kaltem Wasser waschen und anschließend trockentupfen. Mit Salz und Pfeffer würzen. Die Flügel und Schenkel mit dem Küchengarn zusammenbinden (damit sie nicht verbrennen und abfallen), in einen großen Bräter geben und auf mittlerer Schiene in den Ofen geben.

2. Nach 30 Minuten 500 ml Wasser (vorsichtig) in den Bräter gießen und weitere 75 Minuten garen. Sollte das Hühnchen zu braun werden, mit Alufolie abdecken.

3. Brühe und Hühnchen sollten zeitgleich 1 Stunde und 45 Minuten köcheln bzw. garen und das Hähnchen anschließend durch sein. Das Hähnchen aus dem Ofen nehmen und auf einen Teller geben. Etwas abkühlen lassen, Gummihandschuhe überziehen (da noch relativ heiß) und mit Messer und Gabel die Flügel und Schenkel abtrennen. Danach das restliche Fleisch vom Knochen lösen.

4. Die übrig gebliebene Karkasse in den Topf mit der köchelnden und den Bratensatz aus dem Bräter hinzugießen. Alles zusammen weitere 2 Stunden bei kleiner Hitze köcheln lassen.

5. Ein großes Sieb in eine große Schüssel (am besten mit Ausguss zum leichteren Befüllen der Einmachgläser) setzen und die Brühe abseihen.

6. Die Brühe in Einmachgläser füllen. Die Gläser 1–2 Stunden abkühlen lassen, bevor ihr sie in den Kühlschrank oder ins Gefrierfach stellt. Das verkochte Gemüse und die Karkasse entsorgen.

TIPP:

Olivenöl hat einen zu starken Eigengeschmack, daher eignen sich besser Nussöle oder Avocado-Öl. Wer gerne Trüffelmayonnaise mag, kann auch Trüffel-Öl nehmen.

Mayonnaise!*

6 EL

Vorbereitungszeit: 5–7 Minuten

ZUTATEN

1 frisches Eigelb

1 TL Dijonsenf

100 ml neutral schmeckendes Öl (z. B. Macadamia- oder Avocado-Öl)

1 EL Apfelessig

1 EL Zitronensaft

1 Prise Salz

Erythrit nach Geschmack

ZUBEREITUNG

1. Alle Zutaten sollten Raumtemperatur haben und das Eigelb möglichst von frischen Eiern sein.
2. Das Eigelb zusammen mit dem Senf in einen Rührbecher geben und mit einem Stabmixer gut mixen. Während der Mixer weiter läuft, langsam das Öl hinzugießen und ständig weiter mixen.
3. Sobald die Mayonnaise eine cremige Konsistenz hat, den Apfelessig, den Zitronensaft, das Salz und das Erythrit hinzugeben und weiter verquirlen. Sollte die Mischung zu fest sein, kann sie mit einigen Tropfen Wasser verdünnt werden. Im Kühlschrank hält sich die Mayonnaise bis zu einer Woche.

TIPP:

Diese Basis kann man nach Belieben verfeinern, z. B. mit Bacon-Öl, Paprika edelsüß und Cayennepfeffer oder auch mit Kräutern.

pro EL

F	EW	KH	N-KH	kcal
15 g	0 g	0 g	0 g	138

Remoulade!*

6 EL

Vorbereitungszeit: 10 Minuten / Kochzeit: 10 Minuten

ZUTATEN

2 Gewürzgurken

1 EL Kapern

jeweils 2 Stiele Petersilie und Dill

50 g der selbstgemachten Mayonnaise auf Seite 144

1 TL Dijon Senf

1 TL Zitronensaft

1 gestrichener TL Erythrit

80 g Crème fraîche oder Frischkäse

1 Prise Salz und Pfeffer

2 hartgekochte Eier

ZUBEREITUNG

1. Die Gewürzgurken abtropfen, trockentupfen und in sehr kleine Stückchen schneiden.
2. Die Kapern trockentupfen.
3. Die Petersilie und den Dill kleinhacken.
4. Die Mayonnaise, den Senf, den Zitronensaft, das Erythrit und die Crème fraîche in einer kleinen Schüssel verrühren.
5. Die gehackten Kräuter, Salz und Pfeffer hinzugeben und nochmals verrühren.
6. Die gekochten Eier unter kaltem Wasser abschrecken und etwas abkühlen lassen und dann pellen. Das Eigelb auslösen, in die Remouladenmischung bröseln und unterrühren. Die ausgehöhlten Eiweiße kann man später mit der Remoulade füllen und „russische Eier“ daraus machen. Ansonsten eignen sie sich gut als Snack für zwischendurch, den man nur mit genügend Fett wieder ausgleichen muss.
7. Abschließend die Gurkenstückchen und Kapern unterrühren und alles gegebenenfalls noch mal abschmecken.

pro EL

F	EW	KH	N-KH	kcal
12 g	1 g	1 g	1 g	113

Desserts!

Schokoladen-mousse!*

2 Portionen

Vorbereitungszeit: 15 Minuten / Kühlzeit: mindestens 1 Stunde

ZUTATEN

100 g dunkle Schokolade (mind. 85 % Kakaogehalt)

3 Eier

1 EL Erythrit

1 Prise Salz

7–10 Tropfen Vanille-Aroma (z. B. Tasty Drops von GymQueen)

1 EL Butter

ZUBEREITUNG

1. Die Schokolade in grobe Stücke brechen und zusammen mit der Butter in eine mikrowellengeeignete Schüssel geben. Vorsichtig 30 Sekunden erhitzen, umrühren und gegebenenfalls nochmal für wenige Sekunden erhitzen, bis alles eine flüssige, homogene Masse ergibt. Wer keine Mikrowelle hat, kann die Schokolade und die Butter auch in einem Topf über einem Wasserbad vorsichtig erwärmen und verrühren. Danach wieder abkühlen lassen.

2. Die Eier trennen. Die Eigelbe mit dem Erythrit, dem Salz und den Vanilletropfen in einer größeren Schüssel verrühren.

3. Die gut abgekühlte Schokolade mit einem Quirl oder Mixer gleichmäßig unterrühren.

4. Das Eiweiß in einer separaten Schüssel steif schlagen bis es Spitzen zieht und vorsichtig mit einem Spatel nach und nach unter die Eigelb-Schokoladen-Mischung heben, bis alles eine fluffige und leichte Textur hat.

5. In zwei Dessertgläschen füllen und mindestens eine Stunde kaltstellen. Vor dem Servieren mit frisch aufgeschlagener Sahne garnieren.

F	EW	KH	N-KH	kcal
39 g	18 g	8 g	8 g	447

Vanille-Eiscreme!*

8 Kugeln

Vorbereitungszeit: 10 Minuten / Kühlzeit: 20 Minuten (in der Eismaschine)

ZUTATEN

250 g Mascarpone

2 Eigelbe

jeweils 2 Tropfen Vanille- und Käsekuchen-Aroma (z. B. Tasty Drops von GymQueen)

2 EL Wodka

Mark einer Vanilleschote

200 ml Schlagsahne

ZUBEREITUNG

1. Den Mascarpone zusammen mit den Eigelben in eine Schüssel geben und mit einem Mixer zu einer glatten Masse verquirlen (oder in eine Küchenmaschine geben und gut mixen).
2. Das Aroma und den Wodka hinzugeben, das Mark aus der Vanilleschote auskratzen, ebenfalls hinzugeben und nochmals alles gut verrühren.
3. Die Schlagsahne steif schlagen und anschließend mit einem Spatel vorsichtig unter die Mascarponecreme heben, bis alles gleichmäßig vermengt ist.
4. Die Creme in eine Eismaschine geben und für 20 Minuten conchieren oder so lange rühren lassen, bis die gewünschte Konsistenz erreicht ist.

VARIANTE

Für eine fruchtige Eisvariante kann man pürierte Himbeeren, Blaubeeren oder Erdbeeren unterrühren. Für eine schokoladige Variante können dunkle Schokoladenstücke geschmolzen, untergerührt und z. B. geröstete Haselnussstückchen beigefügt werden.

Für eine Variante mit Erdnussbutter einfach ein paar Löffel Erdnussbutter unterrühren und gesalzene Erdnussstückchen unterheben.

pro Kugel

F	EW	KH	N-KH	kcal
19 g	2,5 g	0,5 g	0,5 g	202

TIPP:

Am besten schmeckt das Eis, wenn es direkt verzehrt wird, da es dann die perfekte cremige Konsistenz hat. Ansonsten kann die Eiscreme in einen Plastikbehälter gegeben und im Gefrierfach bis zu 1 Woche gelagert werden. Hierbei sollte beachtet werden, dass das Eis hart ist und vor dem Servieren ca. 20–30 Minuten aufgetaut werden sollte, damit es leichter portionierbar ist.

Zitronen-mousse!*

Portionsgröße: 4 Portionen

Vorbereitungszeit: 15 Minuten / Kühlzeit: mindestens 2 Stunden

ZUTATEN

1 große Bio-Zitrone

200 ml Schlagsahne

250 g Frischkäse

1 EL Erythrit

5 Tropfen Käsekuchen-Aroma (z. B. Tasty Drops von GymQueen)

2 Tropfen Vanille-Aroma

1 Prise Salz

ZUBEREITUNG

1. Die Zitrone heiß waschen und Zesten mit einer feinen Reibe auf einen Teller reiben. Anschließend den Saft auspressen.
2. Die Sahne in einem hohen Gefäß mit einem Handmixer steif schlagen und beiseitestellen.
3. Den Frischkäse, den Zitronensaft, die Zitronenzeste, das Erythrit und das Aroma in einer Schüssel mit dem Handmixer vermischen, bis alles cremig ist.
4. Die Sahne mit einem Spatel nach und nach unter die Frischkäsecreme heben, bis alles schön fluffig ist.
5. In vier Dessertgläschen geben, mit Frischhaltefolie abdecken und mindestens 2 Stunden kaltstellen.

VARIANTE

Statt der Zitronen kann man auch pürierte Beeren unterrühren oder für ein Latte Macchiato-Aroma einen kleinen Beutel Instant-Espressopulver hinzugeben.

F	EW	KH	N-KH	kcal
30,5 g	5 g	3,5 g	3,5 g	307

Kekse, Kuchen

und
Brot!

Beerige Käsekuchen-Happen!*

6 kleine Stücke

Vorbereitungszeit: 10 Minuten / Backzeit: 35 Minuten / Abkühlzeit: mind. 1 ½ Stunden

ZUTATEN

80 g Frischkäse

80 g geschmolzene Butter

3 Eier

5 Tropfen Käsekuchen- oder Vanille-Aroma (z. B. Tasty Drops von GymQueen)

½ TL Reinweinstein-Backpulver

1 EL Erythrit

150 g Beerenmischung (Heidelbeeren, Himbeeren, Johannisbeeren) frisch oder tiefgefroren

ZUBEREITUNG

1. Den Ofen auf 160 °C Umluft vorheizen.
2. Den Frischkäse und die geschmolzene Butter in einer Schüssel mit einem Mixer gut vermengen. Die Eier hinzugeben und nochmals alles gut mixen.
3. Das Aroma, das Reinweinstein-Backpulver und das Erythrit beimengen und alles ein letztes Mal ordentlich verrühren.
4. Die Frischkäsemasse in eine rechteckige oder quadratische Auflaufform füllen. Anschließend die Beerenmischung über der Masse verteilen und 35 Minuten auf mittlerer Schiene backen.
5. Herausnehmen und vollständig abkühlen lassen. Für ein optimales Ergebnis und eine feste Konsistenz mindestens eine Stunde in den Kühlschrank stellen. In 6 Stücke schneiden.

pro Stück

F	EW	KH	N-KH	kcal
8 g	5 g	2 g	0,5 g	106

Erdnuss Kekse!*

12 Stück

Vorbereitungszeit: 10 Minuten / Backzeit: 20 Minuten / Abkühlzeit: 30 Minuten

ZUTATEN

250 g Erdnussbutter

2 Eier

50 g Erythrit

5 Tropfen Vanille- oder Butterkeks-Aroma (z. B. Tasty Drops von GymQueen)

50 g gesalzene Erdnüsse

ZUBEREITUNG

1. Den Ofen auf 160 °C Umluft vorheizen.
2. In einer Küchenmaschine oder einem Mixer die Erdnussbutter mit den Eiern mixen.
3. Das Erythrit sowie die Aromatropfen hineingeben und nochmals gut mixen.
4. Die Erdnüsse mit dem Stößel in einem Mörser mahlen oder grob mit einem Messer hacken, zwei Drittel zur Erdnussmischung hinzugeben und ein paar Sekunden pulsieren. Nicht zu lange, sonst werden sie auch zu Butter.
5. Anschließend aus der Masse 12 kleine Kugeln formen. Am besten trägt man dabei Gummihandschuhe, es ist eine klebrige Angelegenheit! Die Kugeln in ausreichendem Abstand auf ein mit Backpapier ausgelegtes Backblech legen.
6. Mit einer Gabel über Kreuz ein wenig plattdrücken, die restlichen gehackten Erdnüsse auf die Kekse streuen und 20 Minuten auf mittlerer Schiene backen.
7. Anschließend aus dem Ofen nehmen und gut abkühlen lassen, sonst zerbrechen sie. In einer Frischhaltedose halten sich die Kekse mehrere Tage.

pro Keks

F	EW	KH	N-KH	kcal
14,5 g	8 g	2 g	0 g	177

WECK

Helle Keto-Brötchen!*

4 Brötchen

Vorbereitungszeit: 15 Minuten / Backzeit: 15–18 Minuten

ZUTATEN

3 Eier

100 g Frischkäse natur

75 g gemahlener Sesam

125 g gemahlene Mandeln

50 g Eiweißpulver natur (z. B. Protein 96 von Frey Nutrition)

1 TL Reinweinstein-Backpulver

1 EL Olivenöl

ZUBEREITUNG

1. Den Ofen auf 200 °C Umluft vorheizen.
2. Die Eier und den Frischkäse in einer Schüssel oder einer Küchenmaschine verquirlen.
3. Den gemahlenen Sesam, die gemahlenen Mandeln, das Eiweißpulver und das Reinweinstein-Backpulver hinzugeben und nochmals alles gut mixen.
4. Den Teig in 4 gleichmäßige Teile trennen. Die Hände mit Olivenöl einölen und aus dem Teig 4 Kugeln formen.
5. Auf ein mit Backpapier ausgelegtes Backblech legen und mit einem Messer kreuzförmig einritzen. Nach Belieben mit Sesam, Kürbiskernen o. ä. bestreuen.
6. Für ca. 15–18 Minuten auf mittlerer Schiene backen, bis die Brötchen goldbraun sind. Mit einem Zahnstocher in der Mitte einstechen. Klebt kein Teig mehr daran, sind sie fertig.

pro Brötchen

F	EW	KH	N-KH	kcal
38 g	30 g	4,5 g	2,5 g	490

Himbeer-Muffins!*

10 Muffins

Vorbereitungszeit: 20 Minuten / Backzeit: 25 Minuten

ZUTATEN

130 g Butter

50 g Kokosmehl

4 EL Erythrit

1 gestrichener TL Reinweinstein-Backpulver

1 gestrichener TL Kaiser-Natron

8 Eier

1 Tütchen Bourbon Vanille-Aroma (5 g)

5 Tropfen Käsekuchen-Aroma (z. B. Tasty Drops von GymQueen)

100 g tiefgefrorene oder frische Himbeeren

ZUBEREITUNG

1. Den Ofen auf 180° C Umluft vorheizen.
2. Die Butter schmelzen und etwas abkühlen lassen.
3. Das Kokosmehl, das Erythrit, das Reinweinstein-Backpulver und das Natron in einer großen Schüssel vermischen. Die geschmolzene Butter hinzugeben und vermengen, bis eine homogene Masse entsteht.
4. Die Eier nach und nach hinzufügen und die Masse nach jedem Ei gut vermengen.
5. Nun die Vanille und das Käsekuchen-Aroma hineingeben und nochmals gut mischen.
6. Eine Muffinform mit Förmchen auslegen und den Teig vorsichtig hineingeben. Nicht zu voll machen, sonst läuft er im Ofen über!
7. Die gefrorenen Himbeeren (ca. 3–4 Stück pro Muffin) einzeln in den Teig drücken. So verhindert man, dass sich die Himbeeren am Boden ansammeln, matschig werden und sich der Teig pink färbt.
8. Die Muffins 25 Minuten auf mittlerer Schiene backen. Mit einem Zahnstocher in der Mitte einstechen. Wenn kein Teig mehr am Zahnstocher klebt, sind die Muffins fertig.
9. Die Muffins aus der Form nehmen und auf einem Kuchengitter auskühlen lassen.

pro Muffin

F	EW	KH	N-KH	kcal
8 g	8 g	2 g	0 g	115

TIPP:

Die Muffins schmecken tatsächlich noch besser, wenn sie einen Tag durchgezogen sind. Unter einer Kuchenglocke oder in einer Tupperdose bleiben sie 3 Tage frisch und können so auch wunderbar als keto-freundlicher Snack mitgenommen werden.

Käse-Knoblauchbrot!*

2 Portionen

Zubereitungszeit: 5 Minuten / Backzeit: 20 Minuten / Abkühlzeit: 5 Minuten

ZUTATEN

150 g geriebener Mozzarella

50 g geriebener Parmesan

1 Ei

1 Prise Salz

jeweils ½ TL Oregano und Knoblauchpulver

TIPP:

Der Pikante Tomaten-Paprika-Dip von Seite 137 passt hervorragend dazu!

ZUBEREITUNG

1. Den Ofen auf 180 °C Umluft vorheizen.
2. Die beiden Käsesorten, das Ei und die Gewürze in eine Schüssel geben und alles gut durchkneten.
3. Den Käseball auf ein mit Backpapier ausgelegtes Backblech legen, mit den Händen plattdrücken und zu einem Kreis oder Oval formen.
4. 20 Minuten auf mittlerer Schiene im Ofen backen.
5. Herausnehmen und auf einem Holzbrett für 5 Minuten abkühlen lassen. Erst dann in breite Stücke schneiden, sonst ist es zu heiß und zerfließt.

F	EW	KH	N-KH	kcal
29,5 g	29,5 g	2,5 g	2,5 g	396

Keto-Weißbrot!*

1 Brot

Vorbereitungszeit: 20 Minuten / Backzeit: 55 Minuten

ZUTATEN

300 g Frischkäse

1 Prise Salz

60 ml geschmolzene Butter (darf nicht mehr heiß sein)

60 ml Olivenöl

70 ml flüssige Schlagsahne

4 Eier

1 TL Kaiser-Natron

1 TL Reinweinstein-Backpulver

3 TL gemahlene Flohsamenschalen

160 g Eiweißpulver (z. B. Protein 96 von Frey Nutrition)

ZUBEREITUNG

1. Den Ofen auf 165 °C Umluft vorheizen.
2. Den Frischkäse und das Salz mit einem Quirl von Hand vermengen.
3. Zu der Frischkäsemasse nach und nach die geschmolzene Butter, das Olivenöl, die Sahne und die 4 Eier dazugeben und gut verrühren.
4. Das Natron, das Reinweinstein-Backpulver und die gemahlenen Flohsamenschalen durch ein Sieb geklopft zur Teigmasse hinzugeben.
5. Abschließend auch das Eiweißpulver durch ein Sieb geklopft nach und nach unterrühren. Dies geht am besten mit einem Holzlöffel, da die Masse recht zähflüssig wird.
6. Den Teig in eine Silikon-Kastenform geben, gleichmäßig verteilen und glattstreichen. Für 55 Minuten auf mittlerer Schiene backen.
7. Mit einem langen Holzstäbchen oder einem spitzen Messer in die Mitte des Brotes stechen. Wenn kein Teig mehr daran klebt, ist es fertig. Ansonsten ein paar Minuten weiterbacken.
8. Danach das Brot aus der Form nehmen und auf einem Kuchengitter 20–30 Minuten abkühlen lassen.

pro Scheibe

F	EW	KH	N-KH	kcal
13 g	16 g	1 g	0 g	191

TIPP:

Um das Brot zu lagern, empfehle ich, es in ein Geschirrtuch einzuwickeln. So kann die Feuchtigkeit entweichen und es schimmelt nicht. Das Brot ist bis zu 3 Tage haltbar. Ihr könnt es aber auch in Scheiben schneiden und einfrieren. Das Brot lässt sich super im Toaster erwärmen.

beide Varianten haben ohne Schokoladendeko bzw. Kokosflocken pro Stück:

F	EW	KH	N-KH	kcal
34 g	5 g	3 g	0 g	342

TIPP:

Vor dem Servieren kann man für die Latte-Macchiato-Variante etwas dunkle Schokolade (mindestens 70 % Kakaogehalt) hacken und über den Kuchen streuen. Für die Zitronen-Variante kann man noch Zitronenzesten über den Kuchen verteilen und diese nach Geschmack mit ein paar Kokosflocken ergänzen.

Latte Macchiato- und Zitronen-Käsekuchen! *

jeweils 12 Stücke

Vorbereitungszeit: 20 Minuten / Kühlzeit: 3 Stunden

ZUTATEN FÜR DEN BODEN:

300 g Pekannüsse

50 g geschmolzene Butter

60 g Erythrit

1 Prise Salz

ZUTATEN FÜR DIE FRISCHKÄSECREME:

450 g Frischkäse

1 EL Erythrit

1 Prise Salz

250 ml Schlagsahne

FÜR DEN LATTE MACCHIATO-GESCHMACK:

150 ml starker, heißer Kaffee

1 Tütchen gemahlene Gelatine

1 Tütchen Bourbon Vanille-Aroma (5 g) oder 4–5 Tropfen Vanille-Aroma

1 Päckchen Instant Espressopulver

FÜR DEN ZITRONENGESCHMACK:

100 ml heißes Wasser

1 Tütchen gemahlene Gelatine

7–10 Tropfen Käsekuchen-Aroma (z. B. Tasty Drops von GymQueen)

3 EL Zitronensaft und Zeste einer ganzen Zitrone

ZUBEREITUNG

1. Für den Boden zunächst die Pekannüsse in einer Küchenmaschine mixen, bis sie krümelig sind. Dann die Butter, das Erythrit und das Salz hinzugeben und nochmals vermengen (nicht zu lange, sonst wird es zu einer Creme).

2. Den Boden einer 26-cm-Springform mit Backpapier auslegen, die Masse darauf verteilen und gut mit den Händen festdrücken.

3. In Vorbereitung für die Geschmacksvarianten den heißen Kaffee (oder das heiße Wasser für die Zitronenvariante) in einem Becher mit der Gelatine verrühren und etwas abkühlen lassen.

4. Für die Frischkäsecreme den Frischkäse, das Erythrit und das Salz in einen Standmixer oder eine Küchenmaschine geben und mixen, bis er cremig ist.

5. **Für die Latte Macchiato-Variante:** die Kaffee-Gelatine-Mischung, das Vanille-Aroma und das Espressopulver in die Frischkäsecreme hineingeben und alles nochmals gut mixen.

6. **Für die Zitronen-Variante:** die Wasser-Gelatine-Mischung, das Käsekuchen-Aroma, den Zitronensaft und die Zesten in die Frischkäsecreme hineingeben und alles nochmals gut mixen.

7. Abschließend die Schlagsahne dazugeben und so lange mixen, bis die Masse eine fluffige, cremige Konsistenz hat. Die Frischkäsecreme auf dem Boden in der Springform gleichmäßig verteilen und mindestens 3 Stunden oder über Nacht kaltstellen.

Pekan-Nussecken!*

9 Stücke

Zubereitungszeit: 20 Minuten / Kühlzeit: 2 Stunden

ZUTATEN

90 g Butter (oder Kokosöl)

20 g dunkle Schokolade (ab 80 %)

200 g Pekannüsse + 9 Pekannusshälften für Deko

½ TL Zimt

1 Prise Salz

5 Tropfen Vanille- oder Butterkeks-Aroma (z. B. Tasty Drops von GymQueen)

30 g Erythrit

ZUBEREITUNG

1. Die Butter in einem mikrowellengeeigneten Gefäß oder in einem Topf vorsichtig schmelzen.
2. Die Schokolade in einem separaten Gefäß ebenfalls vorsichtig schmelzen.
3. Die Pekannüsse in einer Küchenmaschine zerkleinern. Den Zimt, das Salz, das gewünschte Aroma und das Erythrit hinzugeben und alles ein paar Sekunden lang pulsieren, bis die Masse relativ weich ist.
4. Die flüssige Butter bzw. das Kokosöl hineingeben und nochmals alles gut mixen.
5. Eine rechteckige oder quadratische Form mit Backpapier auslegen und die Masse darauf gleichmäßig und glatt verteilen. Anschließend die Schokolade in Streifen oder in wildem Muster darüber träufeln und die Pekannusshälften mit etwas Abstand zueinander darauf platzieren.
6. Mit Folie abdecken und mindestens 2 Stunden im Kühlschrank fest werden lassen. Dann in rechteckige oder quadratische Stücke schneiden.
   Die Nussecken können mehrere Tage im Kühlschrank aufbewahrt werden.

pro Stück

F	EW	KH	N-KH	kcal
19 g	3 g	2 g	2 g	194

Rustikales Ketobrot!*

1 Brot

Vorbereitungszeit: 10 Minuten / Backzeit: 50 Minuten / Abkühlzeit: 30 Minuten

ZUTATEN

5 EL Sonnenblumen- und Kürbiskernmischung

1 EL gemahlene Sesamkerne

1 ½ EL gemahlene Flohsamenschalen

6 Eier

125 g cremige Erdnussbutter (ohne Zucker)

2 EL Olivenöl

1 Prise Salz

60 g Saatenmischung (Sonnenblumen-, Sesam- und Kürbiskerne)

TIPP:

Das Brot in ein Geschirrtuch einwickeln. So hält es sich für 2–3 Tage frisch. Man kann die Scheiben auch einzeln einfrieren und nach Bedarf im Toaster oder Ofen kurz auftauen.

ZUBEREITUNG

1. Den Ofen auf 180 °C Umluft vorheizen.
2. Die 5 EL Sonnenblumen- und Kürbiskerne in einem Mixer fein zermahlen und mit den bereits gemahlenen Sesamkernen und den Flohsamenschalen vermengen (Achtung: Nicht zu lange mixen, sonst wird es zu Mus).
3. Die Eier mit einem Quirl in einer großen Schüssel verquirlen.
4. Die Erdnussbutter zu den Eiern hinzugeben und alles gut vermengen. In diese Masse dann das Olivenöl, die gemahlenen Kerne und Schalen, das Salz sowie zwei Drittel der Saatenmischung unterheben und gut verrühren.
5. Die Teigmasse in eine gefettete Kastenform geben und die restliche Saatenmischung darüber verteilen.
6. 50 Minuten auf mittlerer Schiene backen oder bis das Brot goldbraun ist. Mit einem Messer oder langen Holzstäbchen in der Mitte einstechen. Wenn kein Teig mehr daran klebt, ist es fertig.
7. Aus dem Ofen nehmen und ein paar Minuten in der Form auskühlen lassen. Dann aus der Form nehmen und nochmals 30 Minuten auf einem Kuchengitter auskühlen lassen.

pro Scheibe

F	EW	KH	N-KH	kcal
26 g	11 g	3 g	0 g	191

Tassen**küchlein!***

1 Portion

Vorbereitungszeit: 5 Minuten / Zubereitungszeit: 2 Minuten

ZUTATEN

1 gehäufter EL Kokosmehl

2 gehäufte EL gemahlene Mandeln oder Mandelmehl

1 EL Erythrit

½ TL Reinweinstein-Backpulver

½ TL Kaiser-Natron

1 Ei

5 Tropfen Butterkeks- oder Vanille-Aroma (z. B. Tasty Drops von GymQueen)

3 EL flüssige Schlagsahne

ZUBEREITUNG

1. Eine ofenfeste bzw. mikrowellengeeignete Tasse, ein Schälchen oder Förmchen nehmen. In die Tasse das Kokosmehl, die gemahlenen Mandeln bzw. das Mandelmehl, das Erythrit, das Reinweinstein-Backpulver und das Natron geben und alles mit einem Esslöffel verrühren. Dann ein Ei hineingeben und das Aroma hineintröpfeln. Alles nochmal gut miteinander vermengen und am Ende die Masse etwas glattstreichen.

2. Die Tasse in die Mikrowelle geben und zunächst 60 Sekunden auf 800 W erwärmen. Danach kurz die Mikrowelle öffnen, um etwas Dampf auszulassen und dann nochmals 30–60 Sekunden erhitzen. Vorsicht heiß! Unbedingt Ofenhandschuhe oder einen Topflappen verwenden!

3. Nun über das Tassenküchlein 3 EL flüssige Schlagsahne gießen, damit es nicht so trocken ist und saftiger schmeckt. Natürlich kann man auch geschlagene Sahne darüber geben oder etwas geschmolzene Schokolade oder Erdnussbutter.

VARIANTE

Geschmolzene Schokolade oder Kakaopulver für einen Schokokuchen, Erdnussbutter für Erdnusskuchen oder Zitronenzeste und -saft für Zitronenkuchen verwenden. Man kann auch Schokoladenstückchen, gehackte Nüsse oder diverses Beerenobst untermengen.

F	EW	KH	N-KH	kcal
46 g	23 g	8 g	0 g	560

Wölkchen**brot!***

6 Stück

Vorbereitungszeit: 10 Minuten / Backzeit: 30 Minuten

ZUTATEN

3 große Eier

100 g Frischkäse

1 Prise Salz

1 Messerspitze Reinweinstein-Backpulver

ZUBEREITUNG

1. Den Ofen auf 150 °C Umluft vorheizen.
2. Das Eigelb und das Eiweiß voneinander trennen und in separate Schüsseln geben.
3. Das Eigelb mit dem Frischkäse und dem Salz mit einem Handmixer verquirlen.
4. Das Eiweiß zusammen mit dem Reinweinstein-Backpulver steif schlagen, bis es Spitzen zieht. Je steifer der Eischnee, desto besser hält die Masse am Ende zusammen.
5. Die Eigelbmasse mit einem Spatel vorsichtig unter den Eischnee heben, bis alles gut vermengt ist.
6. Ein Backblech mit Backpapier auslegen und aus der Eimasse sechs gleichmäßig große Häufchen machen und 30 Minuten backen.

pro Brot

F	EW	KH	N-KH	kcal
7 g	5 g	0,8 g	0,8 g	90

Getränke!

Eis Kaffee!*

1 Portion

Zubereitungszeit: 1–2 Minuten

ZUTATEN

100 g Crushed Ice oder Eiswürfel

200 ml Espresso oder Kaffee

50 ml flüssige Schlagsahne

optional 2–3 Tropfen Haselnuss- oder Vanille-Aroma

ZUBEREITUNG

1. In ein ca. 400 ml großes Gefäß Crushed Eis bis fast zum Rand hineingeben. Alternativ Eiswürfel verwenden.
2. Den Kaffee oder Espresso (idealerweise ist er schon etwas abgekühlt) hineinfüllen und die Sahne darübergießen. Je nach Geschmack Aroma hinzugeben.

F	EW	KH	N-KH	kcal
16 g	1 g	2 g	2 g	155

WACKEN
ARTIST

QUALITY
Refreshing
Ice Cold
Drink
GLASSWARE

Eistee mit Früchtetee!*

1 Portion

Zubereitungszeit: 2 Minuten

ZUTATEN

2–3 Limettenscheiben

100 g Crushed Ice

250 ml kalter Früchtetee

1 TL Limettensaft

3–5 Himbeeren

optional 2–3 Tropfen Himbeer-Aroma

ZUBEREITUNG

1. Die Limette heiß waschen und in der Mitte durchschneiden. Die eine Hälfte in Scheiben schneiden, in ein 400-ml-Glas geben und mit dem Crushed Ice auffüllen.
2. Den kalten Tee eingießen und 1 TL Saft aus der anderen Limettenhälfte dazutun. Je nach Geschmack das Aroma sowie die Himbeeren hinzugeben. Alles umrühren und genießen!

TIPP:

Anstatt kaltem Früchtetee kann man auch kalten schwarzen Tee mit Zitronenscheiben und z. B. Pfirsich- oder Himbeeraroma, oder kalten grünen Tee mit frischen Limettenscheiben und Gurke-Limettenaroma kombinieren.

F	EW	KH	N-KH	kcal
0 g	0 g	0 g	0 g	0

Margarita!*

2 Portionen

Zubereitungszeit: 3 Minuten

ZUTATEN

1 Limettenviertel

grobes gemahlenes Salz

Crushed Ice

12 cl Tequila

8 cl Orangenlikör (Grand Marnier oder Cointreau)

8 cl frischer Limettensaft

2 Cocktailschalen

ZUBEREITUNG

1. Den Rand der beiden Gläser mit dem Limettenviertel einreiben und das Salz entweder darüberstreuen oder auf einem Teller ausbreiten, damit man das Glas mit der Öffnung nach unten hineindrücken kann.

2. Etwas Crushed Ice in einen Standmixer geben. Den Tequila, den Orangenlikör und den Limettensaft hinzugeben und alles gut mixen, bis es eine leicht dickflüssige Konsistenz hat. In die Gläser füllen und genießen.

TIPP:

Ohne Standmixer kann das Crushed Ice auch einfach auf die beiden Gläser verteilt, die Cocktailzutaten in einem Messbecher zusammengemischt und dann in die Gläser gegeben werden.

F	EW	KH	N-KH	kcal
0 g	0 g	10 g	10 g	262

Mojito!*

2 Portionen

Zubereitungszeit: 5–7 Minuten

ZUTATEN

2 Limetten

4 TL Erythrit

2 Zweige frische Minze

Crushed Ice

2 x 60 ml weißer Rum oder Cachaça

2 x 80 ml Mineralwasser

ZUBEREITUNG

1. Die Limetten heiß waschen, abtrocknen, vierteln und auf die beiden Gläser verteilen.
2. Pro Glas 2 TL Erythrit über die Limettenstücke geben und mit einem Stößel zerdrücken, so dass reichlich Saft austritt.
3. Die Minzblätter von den Stielen zupfen und zu gleichen Teilen auf die beiden Gläser verteilen.
4. Nun die beiden Gläser bis zum Rand mit Crushed Ice füllen.
5. Pro Glas 60 ml weißen Rum dazugeben und mit jeweils 80 ml Mineralwasser auffüllen.
6. Alles mit einem langen Löffel verrühren und mit einem Minzblatt als Garnitur servieren.

F	EW	KH	N-KH	kcal
0 g	1 g	1 g	1 g	172

Danksagung!

Ein Buch schreibt sich nicht von alleine. Naja, geschrieben habe ich es schon alleine, aber es gibt einige Menschen, denen ich für ihre Inspiration und Unterstützung danken möchte.

Bodo Stricker – meinem wundervollen Mann, der die Achterbahn des Buchschreibens mit mir mitgefahren ist und mich immer wieder motiviert hat, wenn ich kurz davor war aufzugeben. Du hast immer an mich geglaubt, mehr als ich an mich selbst, und dafür danke ich Dir von Herzen. Du liebst mich, wie ich bin – egal ob dick oder dünn, blond oder pink, mit oder ohne Nudeln – und dafür liebe ich Dich!

Elsbeth von Niessen – meiner geliebten Oma, sende ich ein großes Dankeschön in den Himmel. Sie hat sich zu Lebzeiten immer bestens um mich gekümmert und mir mein Studium in Kanada ermöglicht, welches den Grundstein für mein Fachwissen und meine Englischkenntnisse ebnete, ohne die ich die englischsprachige Keto-Fachliteratur nicht hätte verstehen können. Danke Omi!

Regina von Niessen sowie Annegret und Hans-Jürgen Stricker – meiner Mama und meinen Schwiegereltern, für ihre stete Unterstützung und ihre Geduld bei unzähligen Familienessen und Café-Treffen, wenn meine „Keto-Sonderwunsch-Bestellung“ mal wieder etwas länger gedauert hat.

Heel Verlag – für die Möglichkeit, meinen Traum zu verwirklichen. Hierbei gilt mein besonderer Dank Karin Michelberger und meiner wundervollen Lektorin Hannah Kwella, mit der die Zusammenarbeit einfach mega super toll war. Es war mir ein inneres Blumenpflücken!

Sandra Then – meiner fantastischen Fotografin. Du hast meine Gerichte mit Deinen unglaublich schönen Fotos in wahre Kunstwerke verwandelt und den Fotoshoot mit Deiner tollen, humorvollen Art zu einem absoluten Highlight gemacht.

Sonja Seifert, Caroline Tubus und Matthias Bauchrowitz - meinen Korrekturleserinnen und -lesern sowie Testköchen, für eure Zeit und Mühe, fürs Ausprobieren, Nachkochen und eure ehrliche Meinung. Ihr habt mir sehr geholfen, das Buch verständlicher und strukturierter zu machen und endlich weitestgehend die Kommaregeln zu beherrschen.

Mutlu Arapoglu und ihrem super Team von Mod's Hair Lindenthal in Köln - für meine pinken Haare, denn sie war es, die die Idee (und Farbe) dazu hatte. Ein herzliches Danke für diesen mutigen Schritt und diese tolle Verwandlung, die inzwischen zu meinem Markenzeichen geworden ist!

Michael Karius – für seine technischen Fachkenntnisse, die zu einer deutschen Version des Ketorechners geführt haben. Ich bin froh, dass es Menschen wie Dich gibt, die WordPress und Plug-Ins verstehen.

Fitnesstreff für Frauen in Köln – für die vielen positiven Rückmeldungen und Kommentare der Mitglieder bezüglich meiner Transformation, die nicht zuletzt den Impuls gegeben haben, meinen Bog und dann dieses Buch zu schreiben.

Martina Slajerova & Keto Diet App – die Challenge in ihrer Facebook-Gruppe motivierte mich damals, mit der ketogenen Ernährung zu beginnen. Mit ihren leckeren und abwechslungsreichen Rezepten machte sie mir die Umstellung leicht und lieferte unmittelbare Inspiration für eigene Rezepte.

Dr. Jacob Wilson & Dr. Ryan Lowery – Dr. Wilsons Instagram @musclephd machte mich erstmalig auf die ketogene Ernährung aufmerksam. Sein gemeinsames Buch mit Dr. Lowery, „The Ketogenic Bible", lieferte das nötige Fachwissen für den wissenschaftlichen Teil dieses Buches.

Dr. Stephen Phinney & Dr. Jeff Volek – für ihre unermüdliche Forschungsarbeit zum Thema ketogene Ernährung, insbesondere in Bezug auf Sport. Ihr Buch „The Art and Science of Low-Carbohydrate Living" lieferte ebenfalls wertvolle wissenschaftliche Informationen und Studien für dieses Buch.

Die Keto-Community auf Instagram und Facebook. Ihr seid super!

Aeverium, Jaded Heart & Lacrimas Profundere – für die schönen Zeiten auf und abseits der Bühnen Europas, die langen aber lustigen Fahrten (auf denen ich mit Laptop im Tourbus saß und an diesem Buch gearbeitet habe) und die vielen schlaflosen Nächte, alles, um ein gemeinsames Ziel zu erreichen – zu rocken!

Ihr alle seid wichtige Puzzlesteinchen in der Entwicklung und dem gesamten Prozess dieses Buches gewesen und habt dazu beigetragen, dass dieses Buch nun als physisches Produkt vor euch liegt. Dafür ein mega fettes Dankeschön – ihr rockt!

Wenn Du Gerichte aus diesem Buch nachkochst und diese auf Instagram oder Facebook teilen solltest, würde ich mich sehr freuen, wenn Du das Hashtag **#ketorockt** dabei verwendest und mich mit **@deestricker** markierst. ;)

@coachdeestricker
@deestricker
www.deestricker.com
mail@ketorockt.de

www.deestricker.com est. 2017

EMPFEHLUNGEN

BÜCHER

- The Ketogenic Bible – Dr. Jacob Wilson und Ryan Lowery – Victory Belt Publishing Inc. 2017
- The Art and Science of Low Carbohydrate Living – Jeff S. Volek und Stephen D. Phinney – Beyond Obesity LLC 2011

WEBSEITEN

www.alldayidreamaboutfood.com
www.dietdoctor.com
www.ditchthecarbs.com
www.drberg.com
www.ketodietapp.com
www.ketogains.com
www.ketogenic.com
www.ruled.me
www.sugarfreemom.com
www.themusclephd.com

QUELLEN

1. („o. J.“), URL: https://www.aspartam.at/ (Stand 05.08. 2019).
2. („o. J.“), URL: https://www.aspartam.at/was-ist-sucralose (Stand 05.08. 2019).
3. („o. J.“), URL: https://themusclephd.com (Stand: 05.08.2019).
4. Bistrian, B. R., u. a.: Nitrogen metabolism and insulin requirements in obese diabetic adults on a protein-sparing modified fast. Diabetes (1976). 25 (6): S. 494-504.
5. Brehm, B. J., R. J. Seeley, S. R. Daniels und D. A. Alessio: A randomized trial comparing a very low carbohydrate diet and a calorie-restricted low-fat diet on body weight and cardiovascular risk factors in healthy women. Journal of Clinical Endocrinology und Metabolism 88, no. 4 (2003): 1617-23.
6. Deutsche Diabetes Gesellschaft: Therapie des Typ-2-Diabetes. 1. Auflage, Version 1. URL: https://www.deutsche-diabetes-gesellschaft.de/fileadmin/Redakteur/Leitlinien/Patientenleitlinien/dm-therapie-1aufl-vers1-pll_1_.pdf (Stand 2015).
7. Eenfeld, A. („o. J.“), URL: www.dietdoctor.com, (Stand 22.02.2019).
8. Fischer, A. und M. Schneider: Kohlenhydrate-Tabelle/Nährwerttabelle. http://gesundabnehmen.com/wp-content/uploads/abzv213/Kohlenhydratetabelle.pdf. (2013)
9. Fujita, Y., A. M. Gotto und R. M. Unger: Basal and postprotein insulin and glucagon levels during a high and low carbohydrate intake and their relationships to plasma triglycerides. Diabetes 24, no. 6 (1975): 552-8.
10. Glykämische Last (GL) („o. J.“), URL: http://www.ernaehrung.de/lexikon/diabetes/g/Glykaemische-Last.php (Stand 05.08.2019).
11. Gregory, R. M.: A low-carbohydrate ketogenic diet combined with 6 weeks of CrossFit training improves body composition and performance. Master's thesis (2016).
12. Guerrera, M. P., S. L. Volpe und J. J. Mao: Therapeutic uses of magnesium. American Family Physician 80, no. zwei (2009): 157-62.
13. Gumbiner, B., J. A. Wendel und M. P. McDermott: Effects of diet composition and ketosis on glycemia during very-low-energy-diet therapy in obese patients with non-insulin-dependent diabetes mellitus. American Journal of Clinical Nutrition (1996). 63 (1): S. 110-5.
14. Hatori, M., C. Vollmers, A. Zarrinpar, L. DiTacchio, E. A. Bushong, S. Gill und M. H. Ellisman: Time-restricted feeding without reducing caloric intake prevents metabolic diseases in mice fed a high-fat diet. Cell Metabolism 15, no. 6 (2012): 848-60.
15. Hession, M., C. Rolland, U. Kulkarni, A. Wise und J. Broom: Systematic review of randomized controlled trials of low-carbohydrate vs. low-fat/low-calorie diets in the management of obesity and its comorbidities. Obesity Reviews 10, no. 1 (2009): 36-50.
16. Holland, A. M., W. C. Kephart, P. W. Mumford, C. B. Mobley, R. P. Lowery, J. J. Shake and K. W. Huggins: Effects of a ketogenic diet on adipose tissue, liver and serum biomarkers in sedentary rats and rats that exercised via resisted voluntary wheel running. American Journal of Physiology-Regulatory, Integrative and Comparative Physiology 311, no. zwei (2016): R337-51.
17. Kennedy, A. R., u. a.: A high-fat, ketogenic diet induces a unique metabolic state in mice. American Journal of Physiology-Endocrinology and Metabolism 292, no. 6 (2007): E1724-39.
18. Keys, A., O. Mickelsen, E. V. O. Miller und C. B. Chapman: The relation in man between cholesterol levels in the diet and in the blood. American Association for the Advancement of Science. Science 112 (1950): 79-81.
19. Keto Calculator („o. J.“), URL: https://ketogenic.com/calculator/ (Stand 05.08. 2019).
20. Klein, S. and R. R. Wolfe: Carbohydrate restriction regulates the adaptive response to fasting. American Journal of Physiology-Endocrinology and Metabolism 262, no. 5 (1992): E631-36.
21. La Bounty, P.M., B. I. Campbell, J. Wilson, E. Galvan, J. Berardi, M. Kleiner und A. Smith: International Society of Sports Nutrition position stand: meal frequency. Journal of the International Society of Sports Nutrition 8, no. 1 (2011):1.

22. Lemieux, I., B. Lamarche, C. Couillard, A. Pascot, B. Cantin, J. Bergeron und J. P. Després: Total cholesterol/HDL cholesterol ratio vs LDL/HDL cholesterol ratioas indices of ischemic heart disease risk in men: the Quebec Cardiovascular Study. Archives of Internal Medicine 161, no. 22 (2001): 2685-92.
23. Lowery u. a. (2017) noch nicht veröffentlicht
24. Machetanz, L. und E. Rudolf-Müller: Elektrolyte. https://www.netdoktor.de/laborwerte/elektrolyte/ (8. November 2017).
25. Martinez, L. R. and E. M. Haymes: Substrate utilization during treadmill running in prepubertal girls and women. Medicine and Science in Sports and Exercise 24 (1992): 975-83.
26. McNamara, D.: The Fifty-Year Rehabilitation of the Egg. Nutrients (2015), 7(10): 8716–8722.
27. Phinney, S. D.: Ketogenic diets and physical performance. Nutrition und Metabolism 1, no. 1 (2004): 1.
28. Phinney, S. D., B. R. Bistrian, W. J. Evans, E. Gervino und G. L. Blackburn: The human metabolic response to chronic ketosis without caloric restriction: preservation of submaximal exercise capability with reduced carbohydrate oxidation. Metabolism 32, no. 8 (1983): 769-76.
29. Platt, M. W. and S. Deshpande. Metabolic adaptation at birth. Seminars in Fetal and Neonatal Medicine 10, no. 4 (2005): 341-50.
30. Praxisklinik für Diagnostik und Präventivmedizin Bornheim („o. J."), URL: https://www.cholesterinspiegel.de/cholesterin-was-ist-das/ (Stand: 22.02.2019).
31. Samaha, F. F., N. Iqbal, P. Seshadri, K. L. Chicano, D. A. Daily u. a.: A low-carbohydrate as compared with a low-fat diet in severe obesity. New England Journal of Medicine 348 (2003): 2074-81.
32. Schoenfeld, B. J., A. A. Aragon und J. W. Krieger: Effects of meal frequency on weight loss and body composition: a meta-analysis. Nutrition Reviews 73, no. zwei (2015): 69-82.
33. Sondike, S. B., N. Copperman und M. S. Jacobson: Effects of a low-carbohydrate diet on weight loss and cardiovascular risk factor in overweight adolescents. Journal of Pediatrics 142, no. 3 (2003): 253-8.
34. Vitamin K2 - natürlicher Schutz für Knochen und Arterien („o. J."), URL: https://www.vitaminexpress.org/de/vitamin-k2 (Stand: 03.08.2019).
35. Vitamine – lebenswichtige Stoffe für die Gesundheit („o. J."), URL: https://www.pascoe.de/anwendungsbereiche/vitamine/vitamin-mangel.html (Stand 2019).
36. Vitaminlexikon („o. J."), URL: https://www.apotheken-umschau.de/Vitaminlexikon (Stand: 03.08.2019).
37. Volek, J. S. und S. D. Phinney (2011): The Art and Science of Low Carbohydrate Living. Miami: Beyond Obesity LLC.
38. Volek, J. S., E. C. Westman, R. D. Feinman, J. C. Mavropoulos, M. C. Vernon, J. A. Wortman, W. S. Yancy and S. D. Phinney: Low-carbohydrate nutrition and metabolism. The American Journal of Clinical Nutrition. 86-2 (2007): S. 276–284.
39. Volek, J. S., M. J. Sharman und C. E. Forsythe: Modification of lipoproteinsby very low-carbohydrate diets. Journal of Nutrition 135, no. 6 (2005): 1339-42.
40. Volek, J. S., M. J. Sharman, A. Gomez, D. A. Judelson, M. R. Rubin, G. Watson and J. Kraemer: Comparison of energy-restricted very low-carbohydrate and low-fat diets on weight loss and body composition in overweight men and women. Nutrition und Metabolism (London) 1, no. 1 (2004): 13.
41. Volek, J. S., M. J. Sharman, A. L. Gómez, C. DiPasquale, M. Roti, A. Pumerantz und W. J. Kraemer: Comparison of a very low-carbohydrate and low-fat diet on fasting lipids, LDL subclasses, insulin resistance, and postprandial lipemic responses in overweight women. Journal of the American College of Nutrition 23, no. 2(2004): 177-84.
42. Volek, J. S., T. Noakes and S. D. Phinney: Rethinking fat as fuel for endurance exercise. European Journal of Sport Science 15, no. 1 (2015): 13-20.
43. Wild, Julia. URL: https://www.gesundheitstrends.com/a/ernahrung/moenchsfrucht-21193 (Stand: 05.08.2019).
44. Wilson, J. M., R. P. Lowery, M. D. Roberts, M. H. Sharp, J. M. Joy, K. A. Shields und D. D'Agostino: The effects of ketogenic dieting on body composition, strength, power, and hormonal profiles in resistance training males. Journal of Strength and Conditioning Research (2017). doi: 10.1519/JSC0000000000001935.
45. Wilson, J. und R. Lowery (2017): The Ketogenic Bible. Las Vegas: Victory Belt Publishing Inc.
46. World Health Organization. URL: https://www.who.int/news-room/fact-sheets/detail/diabetes (Stand: 30.10.2018).
47. Young, C. M., S. S. Scanlan, H. S. Im und L. Lutwak: Effect on body composition and other parameters in obese young men of carbohydrate level of reduction diet. American Journal of Clinical Nutrition 24, no. 3 (1971): 290-96.